Konzepte der Humanwissenschaften

Albrecht Müller-Schöll /
Joachim Kleppel /
Günther Sommer

Jugend in Berufsnot

Klett-Cotta

CIP-Kurztitelaufnahme der Deutschen Bibliothek

Müller-Schöll, Albrecht:
Jugend in Berufsnot / Albrecht Müller-Schöll ;
Joachim Kleppel ; Günther Sommer. – 1. Aufl. –
Stuttgart : Klett-Cotta, 1980.
(Konzepte der Humanwissenschaften)
ISBN 3-12-935550-2
NE: Kleppel, Joachim:; Sommer, Günther:

1. Auflage 1980

Verlagsgemeinschaft Ernst Klett –
J. G. Cotta'sche Buchhandlung Nachfolger GmbH, Stuttgart

Printed in Germany
Satz: G. Müller, Heilbronn
Druck: Wilhelm Röck, Weinsberg

Inhalt

Einleitung

Es hat in den letzten Jahren eine Berufsnot Jugendlicher in ganz verschiedenem Ausmaß und unterschiedlicher Erscheinungsweise gegeben. Nach dem Zweiten Weltkrieg war es für Jugendliche ganz allgemein schwierig, einen Beruf zu ergreifen und die dafür notwendige Ausbildung zu erhalten. Jugendliche aus Zonenrandgebieten oder aus Gebieten geringerer wirtschaftlicher Erschließung hatten es besonders schwer, eine Lehrstelle zu finden. Sie mußten oft weit vom Wohnort ihrer Eltern entfernt leben, um eine Berufsausbildung absolvieren zu können. Und selbstverständlich waren Jugendliche, die aus der Ostzone und später aus der DDR kamen, von Jugendberufsnot berührt. Denn die Anforderungen der Berufs- und Arbeitswelt bestehen ja nicht nur in dem, was fachlich zu lernen, sondern was menschlich zu verarbeiten und was in das Weltbild neu einzuordnen ist.

In der Nachkriegszeit entstanden dann neben berufsvorbereitenden Maßnahmen Jugendwohnheime und Jugendgilden sowie Jugendgemeinschaftswerke. Diese Einrichtungen waren zunächst ein Angebot an alle jungen Menschen, ihnen in der Zeit der Berufsvorbereitung, einer Berufsbildung und in der ersten Zeit der Selbständigkeit im Beruf Wohnung, Versorgung und Gemeinschaft zu geben. Später wurde das Angebot auf verschiedene Gruppen von Jugendlichen speziell ausgerichtet. Aus solchen Anfängen, an denen sich die fürsorgerisch orientierte Arbeit der Diakonie und anderer Wohlfahrtsverbände ebenso beteiligten wie die Jugendbildungsarbeit in der Arbeitsgemeinschaft der Evangelischen Jugend Deutschlands oder anderer Jugendorganisationen, entwickelte sich die Jugendsozialarbeit. Sie definierte sich als Hilfe zur Berufsfindung beim Übergang von der Schule in den Beruf, zur Berufsausbildung und zur Überwindung von Barrieren bei der Eingliederung in die Berufs- und Arbeitswelt.

Die Bundesarbeitsgemeinschaft Evangelischer Jugendaufbaudienst als eine gemeinsam vom Diakonischen Werk der Evangelischen Kirche in Deutschland und der Arbeitsgemeinschaft Evangelischer Jugend gegründete und verantwortete Arbeitsgemeinschaft hat sich also seit ihrem Bestehen immer mit dem Thema „Jugend und Beruf" befaßt. Sie hat stets auf eine besondere Form der Jugendberufsnot hingewiesen:

Die wachsende Schwierigkeit für junge Menschen, Hintergründe und Zusammenhänge des Arbeits- und Berufslebens zu durchschauen und Zukunftschancen einer eigenen Berufsentwicklung richtig einzuschätzen.

Es versteht sich von selbst, daß diese Bundesarbeitsgemeinschaft Evangelischer Jugendaufbaudienst sich, angesichts wachsender Jugendarbeitslosigkeit alarmiert, unter jenen Gruppen fand, die eine Analyse der Situation erarbeiteten. Zunächst geschah das durch das Zusammentragen von Daten und Fakten, die, zu Rundbriefen verarbeitet, an die Landesverbände und Interessenten weitergegeben wurden.

Die Feststellung, daß unter den Jugendarbeitslosen solche in erheblicher Anzahl vorhanden sind, deren Eingliederung in den Arbeitsprozeß erhebliche Schwierigkeiten macht oder machte, war Grund für die Bundesarbeitsgemeinschaft Evangelischer Jugendaufbaudienst, selbst aktiv zu werden und Projekte zu versuchen. Ferner beteiligte sich die Bundesarbeitsgemeinschaft Evangelischer Jugendaufbaudienst an der Erarbeitung einer Stellungnahme zur Jugendarbeitslosigkeit, die Grundlage für eine ausführliche Stellungnahme des Bundesjugendkuratoriums wurde und die im Bulletin der Bundesregierung veröffentlicht worden ist.

Die Bundesarbeitsgemeinschaft Evangelischer Jugendaufbaudienst gehört *zu den Gruppierungen, die auf das entschiedenste vertreten, daß Jugendarbeitslosigkeit mit den Mitteln einer Jugend- oder Sozialarbeit nicht gelöst werden kann.* Die Auseinandersetzung über das Thema „Jugendarbeitslosigkeit" hat im politischen Raum zu erfolgen und muß zu gesamtpolitischen Konsequenzen führen. Maßnahmen der Jugendsozialarbeit dürfen nicht ein „Kurieren an Symptomen" bleiben.

Die Bundesarbeitsgemeinschaft Evangelischer Jugendaufbaudienst sah deshalb Aufgaben in vierfacher Hinsicht:

1. Die Erarbeitung einer Information über die Situation.
2. Bisher bestehende Sonderprogramme von Bund und Ländern zu erklären.
3. Die Vorstellung von Projekten, die Anregung und Durchführung solcher Projekte.
4. Die Darstellung ausgewählter Projekte der Sozialarbeit.

Neben diesem Versuch, eine Übersicht und Einblicke zu vermitteln, wurden Vorschläge erarbeitet und veröffentlicht, so z.B. der Vorschlag für die Einrichtung einer neuen Form von Gilden (vgl. Sozialpädagogik Nr. 3/1978, Seite 127ff.).

Im Jahr 1978 beschloß der Vorstand der Bundesarbeitsgemeinschaft Evangelischer Jugendaufbaudienst die Herausgabe einer Informationsschrift über Jugend in Berufsnot. An den Vorarbeiten für diese Schrift beteiligten sich Joachim Kleppel, Ullrich Gintzel, Hartmut Kieburg, Arndt Wächtler, Malte Wiethüchter, Albrecht Müller-Schöll, Hans Haschke.

Die Erarbeitung der Schrift wurde dann in Zusammenarbeit von Dipl.-Päd. Günther Sommer mit Joachim Kleppel, Albrecht Müller-Schöll, unter Mitberatung von Andreas Hutter und Christoph Häselbarth, vorgenommen. Diese Veröffentlichung ist als eine Arbeitshilfe für Praktiker gedacht, die sich um die Errichtung von Projekten für arbeitslose Jugendliche bemühen oder die mit Jugendlichen in solchen Projekten zusammenarbeiten. Sie soll dazu anregen, sich über ein Problem zu orientieren, dessen Lösung in den nächsten Jahren eine besondere Bedeutung haben wird und das Mitdenken und Mithandeln von am Problem engagierten Mitarbeitern erfordert.

Stuttgart, im Januar 1979

Albrecht Müller-Schöll *Joachim Kleppel* *Günther Sommer*

1

Jugendliche in Berufsnot – eine Einführung in den Problemkreis

Ziel des ersten Kapitels ist es, einen Einblick in die vielschichtige Problematik der Berufsnot Jugendlicher zu geben. Es geht vor allem darum, die Bedingungen aufzuzeigen, die vielen Jugendlichen den Weg von der Schule in das Berufsleben erschweren oder verbauen. Angesprochen werden aber auch Forderungen, Zielsetzungen und konkrete Maßnahmen zur Verbesserung der momentanen Situation.

1.1 Offizielle Arbeitslosenstatistik und reales Ausmaß der Jugendarbeitslosigkeit

Bei dem Versuch, das Ausmaß der Jugendarbeitslosigkeit zu erfassen, ist es zunächst naheliegend, die verfügbaren statistischen Daten auszuwerten. Dies ist jedoch mit gewissen Schwierigkeiten verbunden:
Zum einen ist die Datenlage insgesamt spärlich, da es außer der Bundesanstalt für Arbeit (BA) in der Bundesrepublik keine Institution gibt, die regelmäßig Untersuchungen zur Arbeitslosigkeit durchführt und entsprechendes Datenmaterial veröffentlicht. Zum anderen ist die Verwendung der offiziellen Statistik der BA problematisch, weil sie nur diejenigen Jugendlichen erfaßt, die einen Arbeitsplatz suchen und beim Arbeitsamt gemeldet sind. Die veröffentlichten Zahlen sind Ergebnis einer Auswahl und darum nicht geeignet, den tatsächlichen Umfang der Berufsnot Jugendlicher zu erhellen. Die amtliche Statistik „hebt in einer Momentaufnahme auf den bloßen Fakt des ‚Arbeitslosseins' ab und läßt außer acht, daß über einen bestimmten Zeitraum eine weitaus größere Zahl von Jugendlichen von Arbeitslosigkeit betroffen ist, als jeweils punktuell ausgewiesen wird. Sie vermag nicht das Ausmaß des unmittelbaren Betroffenseins auszudrücken, sie kann nur begrenzte Aussagen zu sozialstrukturellen Bedingungen, zu Entwicklungsvorgängen und Konsequenzen von Jugendarbeitslosigkeit bieten."[1]
Bei der Verwendung der amtlichen Daten – dies gilt auch für Zahlenangaben und Tabellen der vorliegenden Schrift – muß beachtet werden, daß folgende von Berufsnot betroffene Jugendliche nicht berücksichtigt sind:

[1] Bundesjugendkuratorium, Vorlage der Arbeitsgruppe „Jugendarbeitslosigkeit" bei der Sitzung vom 23. bis 24. 5. 1977.

- Jugendliche (vor allem Schulentlassene), die einen betrieblichen Ausbildungsplatz oder einen Platz in einer berufsbildenden Vollzeitschule bisher vergeblich gesucht haben, sich aber nicht in eine Arbeitsstelle als Ungelernte vermitteln lassen wollen;
- Jugendliche (vor allem Mädchen), die keine Ausbildung oder kein Arbeitsverhältnis anstreben und sich aus dem Erwerbsleben in den elterlichen Haushalt zurückziehen;
- jugendliche Ausländer, die sich aus Unkenntnis oder Angst nicht arbeitslos gemeldet haben oder aus anderen Gründen (wenn sie z.B. der Wartezeitregelung unterliegen) keine Arbeitserlaubnis erhalten und damit auch keinen Anspruch auf einen Ausbildungsplatz haben;
- Jugendliche, die aus unterschiedlichen Gründen an berufsvorbereitenden oder berufsfördernden Maßnahmen der Arbeitsverwaltung teilnehmen (z.B. an Grund- und Förderlehrgängen sowie Maßnahmen zur beruflichen und sozialen Eingliederung);
- jugendliche Strafgefangene, die im Vollzug keine Arbeit bekommen;
- Jugendliche, die das Elternhaus oder Erziehungsheime verlassen und ihren Lebensunterhalt außerhalb der öffentlichen Kontrolle bestreiten;
- Jugendliche in besonderen Problemlagen.

Eine weitere Einschränkung der Arbeitslosenstatistik ist darin zu sehen, daß von der BA zu den arbeitslosen Jugendlichen nur die unter 20jährigen gerechnet werden. Zu den Betroffenen gehört aber auch die große Zahl der 20- bis 25jährigen, die eine Berufsausbildung durchlaufen haben und danach nur noch kurzfristig oder überhaupt nicht mehr beschäftigt waren.
Das reale Ausmaß der Jugendarbeitslosigkeit läßt sich somit nicht genau in Zahlen ausdrücken. Lediglich im nachhinein läßt sich unter Zuhilfenahme von Stichprobenbefragungen des Statistischen Bundesamtes (Mikrozensus) und der Errechnung einer „Restgruppe" eine den realen Verhältnissen nahekommende Gesamtzahl bestimmen: Beispielsweise waren im Mai 1976 nach der offiziellen Statistik der BA 85000 Jugendliche unter 20 Jahren als arbeitslos ausgewiesen. Die nachträgliche „realistischere" Berechnung führte dagegen zu der Gesamtzahl von 185000 Jugendlichen derselben Altersgruppe.[2]

[2] Sozialwissenschaftliches Forschungsinstitut (SOFI): Zwischenbericht der Studie „Ausbildungs- und Berufsstartprobleme von Jugendlichen unter den Bedingungen verschärfter Situation auf dem Arbeitsmarkt", Forschungsauftrag des Bundesministeriums für Bildung und Wissenschaft, einige Ergebnisse wurden in der Frankfurter Rundschau v. 2.9.1978 veröffentlicht.

1.2 Unterscheidung der Jugendlichen durch die Zuordnung zum Bildungs- und Beschäftigungssystem

In den folgenden Abschnitten wird versucht, die einzelnen „Stationen“ zu beschreiben, die Jugendliche in der Regel während ihrer schulischen und beruflichen Ausbildung durchlaufen. Dabei sollen systembedingte Mängel und problematische Entwicklungen aufgezeigt sowie Forderungen, Ziele und Maßnahmen zu ihrer Behebung genannt werden.
Es soll aber auch deutlich werden, daß die von Berufsnot Betroffenen keine homogene Gruppe darstellen, daß sie sich vielmehr aus sämtlichen Bereichen des Bildungs- und Beschäftigungssystems rekrutieren (vgl. Graphik III). Es zeigt sich darüber hinaus, daß es Unterschiede im Grad der Betroffenheit gibt und daß Jugendliche, die eine Mehrzahl von Benachteiligungen auf sich vereinigen, besonders hart betroffen sind und darum der speziellen Beratung und Betreuung durch Einrichtungen und Angebote der Jugendhilfe bedürfen.
Bevor nun auf die einzelnen Problembereiche und deren spezifische Problemgruppen eingegangen wird, ist es notwendig, einen kurzen Überblick über das Bildungssystem in der Bundesrepublik zu geben. Die Graphiken I und II sollen dazu beitragen, die verwirrende Vielfalt der Schultypen, Schulabschlüsse und weiterführenden Bildungsgänge durchschaubarer zu machen.
Graphik I zeigt die Dreigliederung des allgemeinbildenden Schulsystems in Haupt- und Sonderschule (wobei es unterschiedliche Hauptschulabschlüsse und Sonderschulabschlüsse gibt), Realschule (Mittelschule) und Gymnasium sowie die Übergangsmöglichkeiten in weiterführende Bildungsgänge der
- berufsbildenden Vollzeitschulen (Fachschulen),
- Fachhochschulen und Universitäten,
- Teilzeitberufsschulen (in Verbindung mit einer betrieblichen Ausbildung)

sowie Bildungsgänge
- des Zweiten Bildungsweges.

Durch *Graphik II* wird das Berufsbildungssystem (in Graphik I stark umrandet) mit seinen vielfältigen Ausbildungsgängen und Übergangsmöglichkeiten grob skizziert. Eine ausführliche Beschreibung der einzelnen Schulen und Ausbildungsgänge (unterschieden nach kaufmännischen, gewerblich-technischen, hauswirtschaftlichen, sozialpädagogischen und landwirtschaftlichen Berufsgruppen) enthalten die Informationsschriften der Kultusministerien und Arbeitsverwaltungen.[3]

---

[3] Diese Informationsschriften können auch über die Pressestellen der Landesregierungen bezogen werden.

Graphik I: Das Bildungssystem der Bundesrepublik Deutschland (ohne Gesamtschulen)

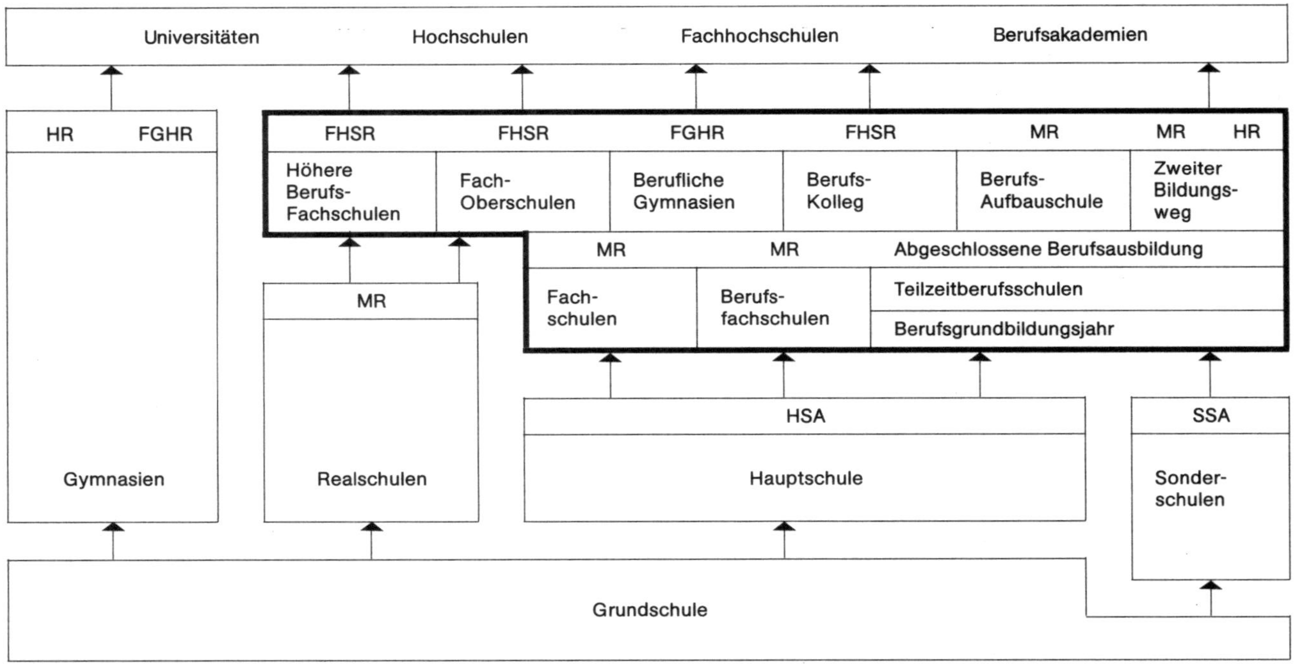

Schulabschlüsse:

SSA	Sonderschulabschluß	MR	Mittlere Reife	FHSR	Fachhochschulreife
HSA	Hauptschulabschluß	FGHR	fachgebundene Hochschulreife	HR	allgemeine Hochschule

Graphik II: Das Berufsbildungssystem (Baden-Württemberg)

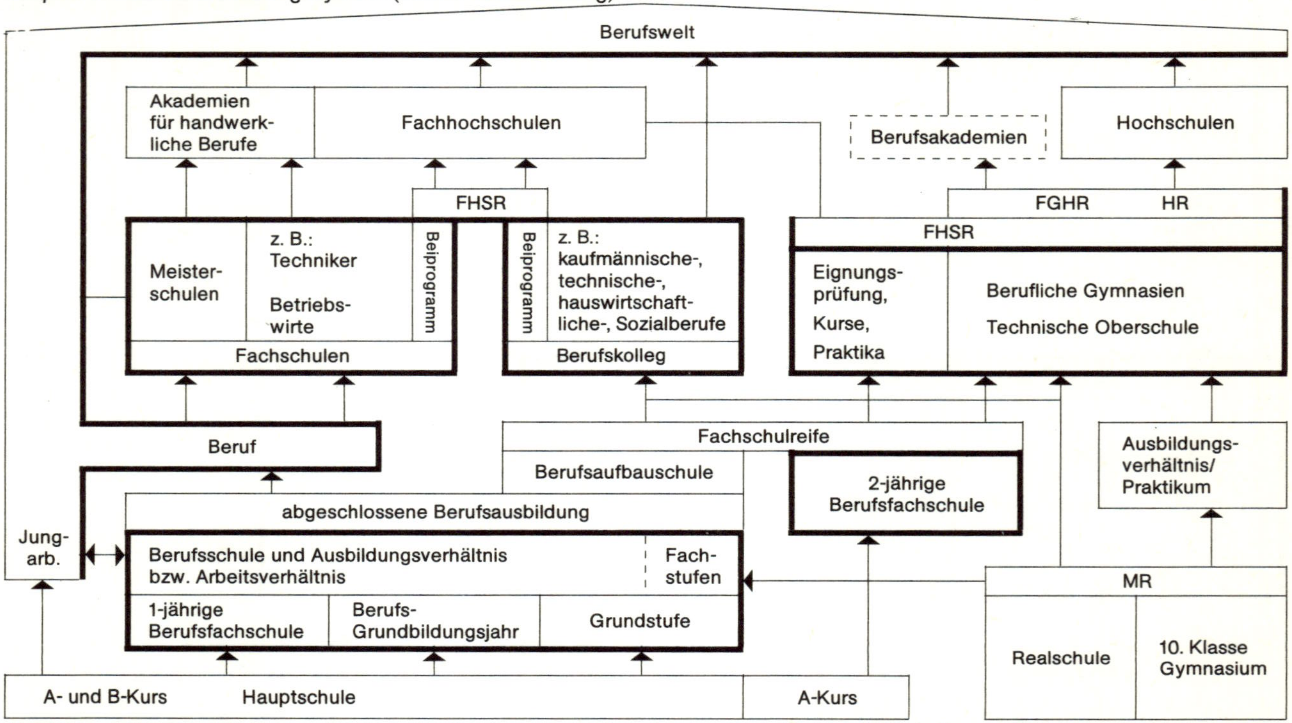

Abschlüsse: MR Mittlere Reife; FGHR fachgebundene Hochschulreife; FHSR Fachhochschulreife; HR allgemeine Hochschulreife

Graphik III verdeutlicht das Gliederungsschema des nächsten Abschnitts. Ersichtlich wird dabei, aus welchen Teilbereichen des Bildungs- und Beschäftigungssystems die von Berufsnot betroffenen Jugendlichen stammen. Zu unterscheiden wären dabei die folgenden sechs Gruppen:

1. Schüler des allgemeinbildenden Schulsystems,
2. Schulentlassene aus dem allgemeinbildenden Schulsystem,
3. Jugendliche innerhalb des Berufsbildungssystems (Schüler an den Fachschulen, Praktikanten, Lehrlinge, Studenten),
4. Jugendliche mit abgeschlossener Berufsausbildung,
5. Jugendliche innerhalb des Beschäftigungssystems,
6. Jugendliche, die aus dem Beschäftigungssystem „herausfallen".

1.3 Problemgruppen in den Teilbereichen des Bildungs- und Beschäftigungssystems

1.3.1 Schüler des allgemeinbildenden Schulsystems

Wenn auch die allgemeinbildenden Schulen „nur" im Vorfeld der Arbeitslosenproblematik liegen, so üben sie dennoch aufgrund bestimmter Strukturmerkmale – vor allem durch die Dreigliederung in Haupt- und Sonderschule, Realschule und Gymnasium – einen wesentlichen Einfluß auf den Verlauf der beruflichen Ausbildung und damit auf die Berufschancen insgesamt aus. Durch die Entscheidung für eine der drei weiterführenden Schulen zu einem verhältnismäßig frühen Zeitpunkt ist für viele Schüler der spätere Berufsweg und damit unter Umständen die Gefahr der Arbeitslosigkeit vorgezeichnet. Dieser Ausleseprozeß beginnt bereits in der Grundschule.

Problemgruppen:

- Schüler, die den Anforderungen des Unterrichts der Grundschule aus verschiedenen Gründen (große Klassen, mangelnde individuelle Förderung, familiäre Probleme, körperliche Behinderungen, Lernschwächen) nicht gewachsen sind, werden in Sonderschulen eingewiesen.
- Schüler, die den Übergang in Realschule oder Gymnasium nicht schaffen und in der Hauptschule verbleiben, erfahren durch die vielfach praktizierte Aufspaltung des Unterrichts in A- und B-Kurse eine weitere Selektion. A-Kurs-Absolventen haben im Gegensatz zu den Schülern, die aufgrund „schwächerer Leistungen" am B-Kurs teilnehmen, die Möglichkeit, nach dem Abschluß der Hauptschule weiterführende Bildungsgänge zu besuchen, und werden auch bei der Lehrstellensuche bevorzugt.

Graphik III: Herkunft der Betroffenen-Gruppen

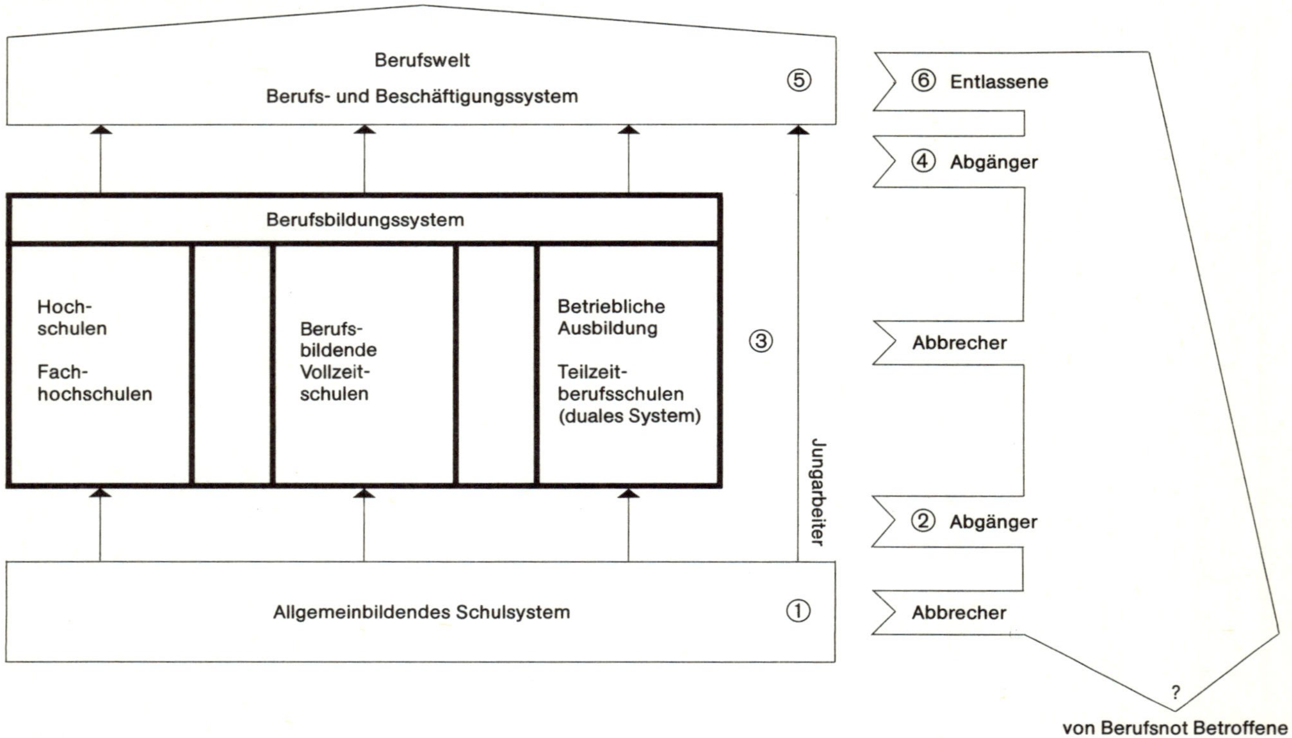

- Auch Realschüler und Gymnasiasten erfahren die Selektionsmechanismen des allgemeinbildenden Schulsystems. Eine ständig steigende Schülerzahl ist dem hohen Leistungs- und Notendruck, der sich vor allem in den oberen Klassen auswirkt, nicht mehr gewachsen und verläßt vorzeitig die Schule.
- In zunehmendem Maße müssen auch Ausländerkinder aufgrund sozialer und sprachlicher Benachteiligungen zu den Problemgruppen gerechnet werden.
- Ebenso betroffen sind die Kinder von Spätaussiedlern. Ihre Sprachschwierigkeiten sind im regulären Schulbetrieb häufig nicht zu beheben. Sie haben Mühe, den Hauptschulabschluß zu erreichen.

Forderungen/Zielsetzungen:
Im Blick auf die vorstehend geschilderten Problemgruppen lassen sich folgende Forderungen erheben:
- Ausbau der verschiedenen allgemeinbildenden Schulformen zu alternativen Wahlmöglichkeiten eigener Qualität;
- Erhöhung der Durchlässigkeit zwischen allgemeinbildendem und berufsbildendem Schulsystem – generelle Einführung einer Orientierungsstufe;
- Verringerung des Leistungsdrucks und Abbau der Selektionsmechanismen;
- Einführung beziehungsweise Ausbau der Schulsozialarbeit;
- Verbesserung des Bildungsniveaus der Haupt- und Sonderschulen;
- zusätzliche Förderung benachteiligter Schüler;
- vermehrte Einbeziehung berufsbezogener Inhalte in den Abgangsklassen;
- Verbesserung der Zusammenarbeit der Schulen mit den Beratungseinrichtungen der Arbeitsämter, mit den handwerklichen und industriellen Interessenverbänden, mit den Gewerkschaften und anderen Institutionen, um die Berufsorientierung und Berufsfindung für die Schüler der letzten Klassen zu erleichtern;
- vermehrte Angebote von Betriebsbesichtigungen, Betriebspraktika, berufsorientierende Wochenendseminare, Freizeiten und Schullandheimaufenthalte.

Einen Überblick über die bisher durchgeführten Maßnahmen für Schüler gibt *Übersicht 1.*

1.3.2 Schulentlassene des allgemeinbildenden Schulsystems

Viele Jugendliche werden nach dem Verlassen der Schule mit einer schwierigen Situation konfrontiert:
- Die Anzahl der betrieblichen Ausbildungsplätze nimmt ständig ab.

Übersicht 1:

Angebote und Maßnahmen für Schüler des allgemeinbildenden Schulsystems		
Schulen Arbeitsverwaltung Betriebe / Kammern	Schule / Eltern Sozial-/Jugendamt Träger der Schulsozialarbeit	Träger der Jugendhilfe Träger der politischen Bildung
Berufsorientierung Berufsberatung Bildungsberatung Betriebsbesichtigungen Betriebspraktika Kurse, Seminare, Freizeiten mit dem Ziel der Berufsorientierung und Berufsfindung Information und Beratung über den Besuch weiterführender Bildungsgänge	Beratung und Hilfen für benachteiligte Schüler Hausaufgabenhilfe Nachhilfeunterricht Legasthenikerkurse Erziehungshilfen Familienberatung Schülerberatung Schullandheimaufenthalte Angebote der Schulsozialarbeit Schulwochen	Angebote und Hilfen im Freizeitbereich offene Jugendhilfe in Häusern der offenen bzw. teiloffenen Tür Freizeiten, Kurse, Veranstaltungen mit dem Ziel der politischen Bildung und Berufsorientierung

- Die berufsbildenden Vollzeitschulen haben eine begrenzte Aufnahmekapazität, Wartezeiten müssen in Kauf genommen werden.
- Der Zugang zu den Hochschulen ist nahezu in allen Fachbereichen durch Studienplatzbeschränkungen und Numerus clausus erheblich erschwert.
- Die Anzahl der Schulabgänger der allgemeinbildenden Schulen steigt ständig.

Durch das zeitliche Zusammentreffen dieser Bedingungsfaktoren entsteht eine Situation, die durch harte Konkurrenz um die zur Verfügung stehenden Ausbildungsplätze gekennzeichnet ist. Dabei werden Verdrängungsmechanismen zuungunsten der Schulabgänger mit weniger qualifizierten Abschlüssen wirksam: Abiturienten, die keinen Studienplatz erhalten oder aus anderen Gründen auf ein Hochschulstudium verzichten, besetzen die Ausbildungsplätze der Realschüler. Diese wiederum dringen immer mehr in Ausbildungsbereiche vor, die bisher für Haupt- und Sonderschüler offenstanden. Eine zunehmende Anzahl von Schulabgängern hat darum kaum noch eine Chance, im Berufsbildungssystem einen angemessenen Ausbildungsplatz zu bekommen, und bleibt auf der Strecke: entweder als ungelernte Arbeiter mit hohem Beschäftigungsrisiko oder als Ausbildungsplatzsuchende, als Erwerbsverzichter und letzten Endes als Arbeitslose.

Das Ausmaß der Problematik wird durch die *Tabelle 1* ersichtlich. In dieser Tabelle wird die Gesamtzahl der Schulabgänger eines jeweiligen Schuljahrs den in diesem Jahr vorhandenen beziehungsweise vorausgesagten Aufnahmemöglichkeiten der einzelnen Teilbereiche des Berufsbildungssystems gegenübergestellt.

Tabelle 1: Schulabgänger und Plätze im berufsbildenden System (absolute Zahlen in Tausend)[4]

Jahr	1971	1976	1982	1987
Schulabgänge des allgemeinbildenden Schulsystems	730	760	960	780
Ausbildungsplätze insgesamt	730	660	710	680
Defizit	–	100	250	100
Plätze im Hochschulbereich	60	100	140	140
Plätze in berufsbezogenen Vollzeitschulen	90	110	140	140
Plätze im dualen System	580	450	430	400

Wie sich die Abgänger der einzelnen Schultypen des allgemeinbildenden Schulsystems auf die drei Teilbereiche des Berufsbildungssystems verteilen, zeigt *Tabelle 2.* Aus ihr kann sehr deutlich abgelesen werden, daß die Haupt- und Sonderschüler überproportional betroffen sind.

Forderungen/Zielsetzungen:
Für Schulentlassene des allgemeinbildenden Schulsystems sind die folgenden globalen Forderungen und Zielsetzungen von Bedeutung:
- Ausbau des Hochschul- und Fachhochschulbereichs;
- Ausbau der berufsbildenden Vollzeitschulen;

[4] Die Daten von Tabelle 1 und Tabelle 2 sind u. a. entnommen aus: Kühlewind/Mertens/Tessaring: Zur drohenden Ausbildungskrise im nächsten Jahrzehnt – Eine Modellrechnung zur Aufnahmefähigkeit des berufsbildenden Bildungssystems für Übergänger aus dem allgemeinbildenden Schulsystem bis 1990, Nürnberg, Dez. 1975.
Weitere Daten in: BLK für Bildungsplanung und Forschungsförderung: Programm zur Durchführung vordringlicher Maßnahmen zur Minderung von Beschäftigungsrisiken von Jugendlichen – Konkretisierung und Fortschreibung, Dez. 1977.

Tabelle 2: Schulabgänger nach Schulabschlüssen und Plätze im berufsbildenden System (absolute Zahlen in Tausend)

Plätze / Schulabschlüsse	1975				1982			
	HR	MR	HS SS	zus.	HR	MR	HS SS	zus.
Hochschulbereich	107	0	0	107	137	0	0	137
BVZ	3	50	47	100	15	71	54	140
BBA	7	142	281	430	34	173	193	400
Sonstige	3	4	7	14	15	6	8	29
Defizit	0	17	102	119	0	21	233	254
Zusammen	120	213	437	770	201	271	488	960

BVZ = Berufsbildende Vollzeitschulen, BBA = betriebliche Berufsausbildung, HR = Hochschulreife, MR = Mittlere Reife, HS/SS = Hauptschule/Sonderschule

- Ausbau des Zweiten Bildungsweges und der Möglichkeiten, fehlende Abschlüsse, vor allem den Hauptschulabschluß, nachzuholen;
- Erhöhung des Angebots und Verbesserung der Qualität von betrieblichen Ausbildungsplätzen;
- Anerkennung von Abschlüssen und Qualifikationen der Fortbilder;
- Verbesserung der Integration von überbetrieblichen und außerbetrieblichen Lehrgängen in die betriebliche Ausbildung;
- Erhöhung der Ausbildungskapazitäten im öffentlichen Dienst;
- Schaffung von Einrichtungen für Jugendliche mit Benachteiligungen, die als Alternative zum bisherigen (dualen) System der Berufsausbildung qualifizierte berufliche Abschlüsse ermöglichen (z.B. Berufsbildungszentren);
- vermehrte Einrichtung und Förderung von sozialpädagogisch betreuten Projekten im Vorfeld der beruflichen Bildung.

Die überwiegende Mehrzahl der bisherigen Maßnahmen (siehe Übersicht 2) sind nur als kurzfristige Überbrückungshilfen zu akzeptieren. So dürfen beispielsweise die Lehrgänge der Arbeitsverwaltung nicht zum Ersatz einer betrieblichen Ausbildung werden. Auch Maßnahmen, die auf eine Verlängerung der Schulzeit hinauslaufen, wie das 10. Schuljahr oder das in einigen Bundesländern eingeführte Berufsgrundbildungsjahr (Berufsvorbereitungsjahr) sind nur sinnvoll, wenn durch sie verwertbare Kenntnisse für die anschließende Berufsausbildung vermittelt werden und die verlängerte Schulzeit auf die Ausbildungszeit angerechnet wird.

Einen Überblick über bisher durchgeführte Maßnahmen für Entlaßschüler des allgemeinbildenden Schulsystems gibt *Übersicht 2.*

Übersicht 2:

Angebote und Maßnahmen für Abgänger des allgemeinbildenden Schulsystems		
Bund Länder Kommunen	Arbeitsverwaltung Sozial-/Jugendamt	Träger der Jugendhilfe und Jugendsozialarbeit
Wirtschaftsförderung	Berufsberatung	Schüler- und Jugendberatung
Subventionierung von Ausbildungsbetrieben	Stellenvermittlung	Offene Jugendarbeit
Prämien für zusätzliche Lehrstellen	Informationskurse	Projektarbeit
Einrichtung von Lehrstellen im öffentlichen Dienst	Vermittlung in Lehrgängen – Grundbildung – Förderung – Eingliederung	sozialpädagogische Betreuung von Lehrgängen
		Kurse zum Nachholen des Hauptschulabschlusses
Ausbau der beruflichen Bildung	Finanzielle Hilfen	Motivationskurse
der beruflichen Vollzeitschulen	ABM	Informationsveranstaltungen, Seminare, Freizeiten
der Teilzeitberufsschulen	Ausbildungsbeihilfe Überbrückungshilfe Eingliederungshilfe	Betreuung von Wohngruppen
der Hochschulen	Sozialhilfe	Einrichtung von Wohnheimen
Einführung des 10. Schuljahrs	Übernahme der Kosten für Heimaufenthalte	Errichtung von Berufsbildungszentren für Benachteiligte (in Zusammenarbeit mit Ausbildungsbetrieben und Kammern)
des Berufsgrundbildungsjahrs		
des Berufsvorbereitungsjahrs		
Förderung von über- und außerbetrieblichen Ausbildungsstätten		

1.3.3 Jugendliche innerhalb des Berufsbildungssystems

Problemgruppen:
– Lehrlinge, die in krisenanfälligen Wirtschaftsbereichen und in strukturschwachen Gebieten eine Ausbildung beginnen;

- Jugendliche, die aus verschiedenen Gründen mehrfach Ausbildungsverhältnisse abgebrochen haben;
- Schulabbrecher der berufsbildenden Vollzeitschulen;
- Studienabbrecher im Hochschulbereich.

Als weitere Problemgruppe müssen die „Überbrücker“ betrachtet werden. Hierbei handelt es sich zum einen um die Teilnehmer an den berufsvorbereitenden Lehrgängen der Arbeitsverwaltung, zum anderen um Jugendliche, die nach Beendigung ihrer Schulzeit keine Lehrstelle gefunden haben und an den eigens für diese Gruppe eingerichteten Maßnahmen, wie beispielsweise das Berufsvorbereitungsjahr, teilnehmen müssen. Die Teilnehmer an diesen Überbrückungsmaßnahmen haben nach deren Beendigung bis jetzt noch keine Berechtigung für eine qualifizierte Ausbildung in den Betrieben oder in weiterführenden Schulen. Die Anrechnung der Maßnahme auf die Ausbildungszeit ist noch umstritten. Oft müssen diese Jugendlichen im Anschluß an das Berufsvorbereitungsjahr einen mehrmonatigen Berufsschulblock absolvieren, um sie von der Teilzeitberufsschulpflicht zu entbinden. Dieser Unterrichtsblock endet oft zu einer Zeit, z.B. im Januar, in der die Betriebe keine Lehrlinge einstellen.

Forderungen:

Die bisherigen Maßnahmen zur Verbesserung der Situation der benachteiligten Jugendlichen innerhalb des Berufsbildungssystems haben nur eine begrenzte Reichweite. Sie erstrecken sich auf die Tätigkeit der Arbeitsverwaltung, auf finanzielle Leistungen an Betriebe, die „Konkurslehrlinge“ aufnehmen, auf Angebote im Freizeitbereich sowie auf Aktivitäten von Trägern der politischen Bildung. Darüber hinaus wäre zu fordern:

- verstärkte Einbeziehung von sozialpädagogischen Fachkräften zur Begleitung von Förder- und Eingliederungslehrgängen;
- Verbesserung der Nachbetreuung von Lehrgängen der Arbeitsverwaltung;
- Einbeziehung von Lehrlingen und Schülern an berufsbildenden Vollzeitschulen in Jugendhilfeprojekte, in Informationsveranstaltungen für arbeitslose Jugendliche, in Freizeiten und Seminare;
- Intensivierung der politischen Bildungsarbeit durch Gewerkschaften, Betriebe, Parteien und andere Träger.

Einen Überblick über die bekannten Maßnahmen und Angebote für Jugendliche innerhalb des Berufsbildungssystems gibt *Übersicht 3.*

1.3.4 Jugendliche mit abgeschlossener Berufsausbildung

Für Jugendliche mit abgeschlossener Berufsausbildung besteht derzeit keine Garantie auf eine der Ausbildung entsprechende Arbeitsstelle. Dies trifft

Übersicht 3:

Angebote und Maßnahmen für Jugendliche im Berufsbildungssystem		
Arbeitsverwaltung Bund / Länder	Träger der Jugendhilfe und der politischen Bildung	Betriebe Gewerkschaften Kammern
Wirtschaftsförderung Subventionierung der Ausbildungskosten Zuschüsse an Betriebe bei der Übernahme von „Konkurslehrlingen" Ausbildungsbeihilfe Bau von Lehrlings-/ Schülerwohnheimen Ausbau der Berufs-schulen	Offene Jugendhilfe Offene Jugendsozial-arbeit Schüler- und Jugend-beratung Projektarbeit mit Lehrlingen Clubs für Berufstätige Jugendwohnheime Pflegevorschulen Veranstaltungen der politischen Bildung Angebote der evang. Seminare, Akademien Lehrlingsfreizeiten Studienfahrten Bildungsurlaub Internationaler Jugend-austausch	Betriebliche Bildung und Weiterbildung Schulungen Überbetriebliche Aus-bildungslehrgänge Gewerkschaftliche Bildungsarbeit Kurse Seminare Schulungen Finanzierung und Bereitstellung von Mitteln für Bildungsmaßnahmen Stiftungen

auch vermehrt auf höher- und hochqualifizierte Ausbildungsgänge mit entsprechenden Abschlüssen zu.
Diese Entwicklung ist einerseits auf die zunehmende Diskrepanz zwischen den Qualifikationen, die das Berufsbildungssystem vermittelt, und den Anforderungen, die das Berufs- und Beschäftigungssystem stellt, zurückzuführen (wobei im einzelnen nach Branchen differenziert werden muß). Andererseits werden die Jugendlichen voll mit der Verschlechterung der gesamten Arbeitsmarktsituation konfrontiert. Als Hintergründe für den Rückgang von Arbeitsstellen können gesehen werden:
- konjunkturelle Einbrüche als Folge nationaler und internationaler Wirtschaftskrisen,

- strukturelle Veränderungsprozesse weiter Teile des Wirtschaftssystems (z.B. durch Technisierung, Rationalisierung, Veränderung der Qualifikationsstruktur),
- Verlagerung der Produktion in Länder mit geringeren Lohnkosten,
- branchenspezifische Strukturprobleme (z.B. in der Textilindustrie), Konkurse vor allem der mittelständischen Unternehmen.
- Für Abgänger mit mittleren und höheren Qualifikationen wirkt sich auch der seit einigen Jahren verhängte Einstellungsstopp in den Bereichen des öffentlichen Dienstes als zusätzliche Verschärfung aus.

Ein weiteres, zwar allgemeines, aber in Zeiten mit hoher Arbeitslosigkeit zunehmendes Problem besteht darin, daß Bewerber mit längerer Berufserfahrung den jugendlichen Ausgebildeten vorgezogen werden.

Forderungen:
Für diejenigen Jugendlichen, die trotz abgeschlossener Berufsausbildung keinen Arbeitsplatz finden, sind die Hilfsmöglichkeiten sowohl der Arbeitsverwaltung als auch der Träger der Jugendhilfe und Jugendsozialarbeit begrenzt. Eine echte Abhilfe kann nur durch die Schaffung zusätzlicher Arbeitsplätze geschaffen werden. Dies hängt aber weitgehend von der gesamtwirtschaftlichen Entwicklung ab und in begrenztem Maße auch davon, ob es durch staatliche Maßnahmen gelingt, die strukturellen Veränderungsprozesse und konjunkturellen Schwankungen im nationalen und internationalen Rahmen positiv zu beeinflussen.

Kurzfristig gesehen müssen auf jeden Fall alle Möglichkeiten des Arbeitsmarkts ausgeschöpft werden. Die Instrumente der Arbeitsmarktanalyse müssen verbessert, die Berufsforschung muß intensiviert, die Methoden der Berufsberatung und Stellenvermittlung müssen effektiviert und die Diskrepanzen zwischen beruflicher Ausbildung und Anforderungen des Beschäftigungssystems abgebaut werden.

Darüber hinaus sollte die Diskussion um alternative Lebens- und Arbeitsformen fortgesetzt werden, auch wenn sich dadurch keine gesamtgesellschaftlichen Lösungswege abzeichnen.

Einen Überblick über die derzeitigen Hilfsangebote gibt *Übersicht 4*.

1.3.5 Jugendliche innerhalb des Beschäftigungssystems

Zu den von Arbeitslosigkeit bedrohten Jugendlichen innerhalb des Beschäftigungssystems müssen gerechnet werden:

- Jugendliche, die keinen Platz im Berufsbildungssystem gefunden haben und aufgrund ihrer fehlenden beruflichen Qualifikation in den untersten Rängen der betrieblichen Hierarchie arbeiten müssen – davon besonders die berufsschulpflichtigen *Jungarbeiter* ohne Ausbildungsvertrag (1976

Übersicht 4:

Maßnahmen und Hilfen für Abgänger des Berufsbildungssystems für arbeitslose Jugendliche aus dem Beschäftigungssystem		
Arbeitsverwaltung Sozialamt	Träger der Jugendhilfe und Jugendsozialarbeit	
Stellenvermittlung	Projektarbeit	Selbsthilfegruppen
berufliche Fortbildung berufliche Weiterbildung	„Freizeit"angebote	Bürgerinitiativen
Umschulung/ Rehabilitation	Beratung	Alternative Lebens- und Arbeitsformen
	Vermittlung	
	„Streetwork"	
Finanzielle Hilfen	Betreuung von Wohngruppen	
Einarbeitungszuschüsse		
ABM	Jugendwohnheime	
Arbeitslosengeld	Jugendgilde	
Arbeitslosenhilfe		
Sozialhilfe		
Mobilitätshilfen		

waren dies um 232 000), bei denen die eigens für diese Gruppe eingerichteten Sammelklassen an den Berufsschulen eine zusätzliche Diskriminierung bedeuten,

- jugendliche *Angelernte,* die eine sehr betriebsspezifische Teilausbildung erhalten, mit der sie an anderen Arbeitsplätzen nichts anfangen können,
- *Ausbildungsabbrecher,* die als „Ungelernte" im ehemaligen Ausbildungsberuf arbeiten,
- *Jugendliche,* die zwar einen Beruf erlernt haben, aber in anderen Branchen weit unter ihrem Ausbildungsniveau liegende Tätigkeiten ausüben,
- *Jugendliche mit „Betreuungsverträgen",* solange diese Verträge nicht die Verpflichtung zur Vermittlung einer anerkannten Qualifikation und der anschließenden Übernahme beinhalten,
- Jugendliche, die nach Ableistung ihres Wehr- oder Zivildienstes nicht über die gesetzliche Wiedereinstellungspflicht hinaus weiterbeschäftigt werden, und schließlich
- *Mädchen,* die weniger aus Gründen der mangelnden Qualifikation (sie haben oft bessere Abschlüsse als Jungen) benachteiligt sind, sondern eher,

weil sie reibungsloser in die Familie zurückverwiesen werden können. Darüber hinaus können auch gesetzliche Bestimmungen erhöhte Beschäftigungsrisiken nach sich ziehen. So beispielsweise durch das Kündigungsschutzgesetz, das zum einen erst ab 18 Jahren gilt und zum anderen die Arbeitgeber verpflichtet, soziale Härten zu berücksichtigen. Dies kommt sicher den älteren Arbeitnehmern zugute, kann aber gegen die erst kurzzeitig im Betrieb arbeitenden Jugendlichen ausgespielt werden.
Die bisher angeführten Beschäftigungsrisiken ergänzen bzw. ermöglichen und unterstützen eine weitverbreitete Beschäftigungspolitik der Unternehmen. Diese hat zum Ziel, eine wenig qualifizierte, leicht austauschbare, billige und „flexible Randbelegschaft" zu erhalten, um mit ihrer Hilfe konkurrenzfähig zu bleiben und sich kurzfristig an die jeweilige Marktsituation anpassen zu können. In Zeiten des wirtschaftlichen Aufschwungs konnte der Arbeitsmarkt bisher weitgehend „geräumt" werden. Dadurch wurde die im Grunde bestehende Problemsituation der minderqualifizierten Jugendlichen verdeckt. In Krisenzeiten verschärfen sich mit der Zunahme der allgemeinen Arbeitslosigkeit die ohnehin bestehenden Beschäftigungsprobleme dieser Jugendlichen.

1.3.6 Jugendliche Arbeitslose aus dem Beschäftigungssystem

Es muß davon ausgegangen werden, daß ein großer Teil der von Berufsnot betroffenen Jugendlichen bereits in einem Beschäftigungsverhältnis gestanden hat. Über die genaue Höhe und das Verhältnis zu den anderen Betroffenengruppen (siehe Graphik III) liegen bisher keine verläßlichen Daten vor. Nach der Statistik der Bundesanstalt für Arbeit, die ja nur einen Teil der Jugendlichen berücksichtigt (vgl. 1.1), haben etwa 70–80% der Jugendlichen vor ihrer Arbeitslosigkeit gearbeitet (vgl. Tabelle 3).
Als Gründe für das „Herausfallen" aus dem Beschäftigungssystem gelten einerseits Benachteiligungen und Stigmatisierungen während des Lebenswegs bis zum Zeitpunkt der Arbeitslosigkeit (als persönliche Variable), und auf der anderen Seite kommen äußere, strukturelle Benachteiligungen durch das Bildungs- und Beschäftigungssystem hinzu. Als wesentliche Verschärfung ist der Rückgang der weniger qualifizierten Arbeitsplätze und damit die Verringerung der Berufschancen vieler Jugendlicher zu betrachten.
Nach der amtlichen Statistik haben fast 70% der arbeitslosen Jugendlichen keine abgeschlossene Berufsausbildung (vgl. Tabelle 3). Die Bundesanstalt für Arbeit versucht darum, durch das Angebot von Fortbildungs- und Weiterbildungsmaßnahmen das Ausbildungsniveau der Jugendlichen, insbesondere der schwer vermittelbaren Arbeitslosen, anzuheben: „Zu lernen lohnt sich nicht nur des höheren Verdienstes wegen, sondern auch weil der Ar-

beitsplatz sicherer ist und weil man als Fachkraft auf dem Arbeitsmarkt rascher unterkommt.“[5]

Grundsätzlich ist gegen solche Angebote nichts einzuwenden. Bei entsprechender Bedarfsanalyse und daran orientierter Fortbildungsmaßnahme kann die Vermittlungschance einzelner Jugendlicher ohne Zweifel erhöht werden. Zu bedenken ist allerdings, daß viele Arbeitslose resigniert haben und aufgrund psychischer und physischer Beeinträchtigungen nicht ohne zusätzliche Motivierung und Betreuung in der Lage sind, die angebotenen Ausbildungsgänge erfolgreich abzuschließen. Hierzu könnte z. B. ein Verbundsystem zwischen Arbeitsverwaltung und Jugendhilfeträgern Abhilfe schaffen.

Tabelle 3: Arbeitslose Jugendliche unter 20 Jahren nach Merkmalen in absoluten Zahlen und Prozent[6]

Merkmal	1973	1974	1975	1976	1977
Jugendliche insgesamt = 100%	20960	69793	115753	102649	105949
Jungen	35,4	46,1	48,5	40,3	39,3
Mädchen	64,6	53,9	51,5	59,7	60,7
mit abgeschlossener Berufsausbildung	–	30,3	32,6	37,4	32,4
ohne Berufsausbildung	–	69,7	67,4	62,6	67,6
mit bisheriger Berufstätigkeit	–	76,4	81,8	77,1	70,6
ohne bisherige Berufstätigkeit	–	23,6	18,9	22,4	29,4

Für die Jugendlichen, die aus dem Beschäftigungssystem „herausgefallen“ sind, gelten im wesentlichen die im Abschnitt 1.3.4 formulierten Forderungen und Zielsetzungen sowie die in Übersicht 4 zusammengefaßten Maßnahmen.

---

[5] Sozialpolitische Umschau vom 3. 2. 1978.

[6] Nach: Sonderuntersuchung der BA vom September 1977. In: Amtliche Nachrichten der BA (ANBA) 4/1978.

Die bisherigen Ausführungen haben versucht, einen Überblick über das gesamte Spektrum von Problemen, Zielvorstellungen und Maßnahmen zu geben. Jugendhilfe und Jugendsozialarbeit können jedoch – dies geht bereits aus den Übersichten 1–4 hervor – nur bestimmte Problemgruppen berücksichtigen und diesen auch nur eine begrenzte Palette von Hilfsangeboten zukommen lassen.

Jugendsozialarbeit zielt dabei vorrangig auf solche Jugendlichen ab, die aufgrund des Zusammentreffens einer Mehrzahl von negativen Faktoren und Benachteiligungen sozialer, psychischer, physischer und nicht zuletzt schulischer Art, von Arbeitslosigkeit bedroht und betroffen sind.[7]

Als Faktoren wären im einzelnen zu nennen:

- soziale Benachteiligungen während der familiären und schulischen Sozialisation durch ungünstige Familien- und Wohnverhältnisse, Randgruppenzugehörigkeit, Heimaufenthalte, durch mangelndes Verständnis der Sozialisationsinstanzen, aber auch durch Überforderung von Eltern und Erziehern;
- psychische und physische Benachteiligungen, zum Teil als Folge der sozialen Umstände: Körperbehinderungen, Lernschwächen, „Verhaltensauffälligkeiten", verminderte Leistungsbereitschaft bis hin zur Arbeitsverweigerung, Resignation und Apathie;
- sprachliche Benachteiligungen und Schwierigkeiten vor allem bei jugendlichen Ausländern und Aussiedlern;
- geschlechtsspezifische Diskriminierungen in der Familie, in der Schule, am Ausbildungs- und Arbeitsplatz
- und schließlich als Folge dieser selten einzeln und isoliert auftretenden Faktoren: schlechte oder fehlende Schulabschlüsse und damit geringere Chancen auf einen Ausbildungs- und Arbeitsplatz.

Hilfen spezieller Art sollten folgenden Jugendlichen zukommen:

- Jugendlichen aus sozialen Brennpunkten (Obdachlosensiedlung, Kernstädte);
- Alkohol- und Drogengefährdeten beziehungsweise bereits Abhängigen;
- Jugendlichen, die von Einrichtungen der Jugendhilfe erfaßt sind (Fürsorgeerziehung, Heimerziehung);
- Jugendlichen, die von Einrichtungen der Jugendgerichtsbarkeit erfaßt sind bzw. waren (Strafgefangene, Strafentlassene);
- jugendlichen „Nichtseßhaften" (Trebegängern);

[7] Siehe Fallbeispiel am Ende des ersten Kapitels, S. 29–31.

– Jugendlichen in Banden.

Schwerpunkte der Arbeit mit jugendlichen Arbeitslosen sind neben der Durchführung staatlicher Programme (siehe Kapitel 2) die offene Jugendhilfe, Jugendwohnheime, Wohngemeinschaften sowie stadtteil- und projektorientierte Jugendsozialarbeit. Die einzelnen Projekte (siehe Kapitel 3) sind meist im Vorfeld der beruflichen Bildung angesiedelt:

- Schüler- und Jugendberatungsstellen,
- Motivationskurse,
- Kurse zum Nachholen des Hauptschulabschlusses,
- Projekte mit den Schwerpunkten Berufsorientierung und Freizeitgestaltung,
- Kurse für junge Aussiedler und Ausländer.
- Seit einiger Zeit laufen verschiedene „Selbsthilfeprojekte" mit dem Ziel, schwervermittelbare Jugendliche, die längere Zeit arbeitslos sind, zu fördern. Sinnvolle (bezahlte) Arbeitsaufträge sollen ihnen über ihre Resignation hinweghelfen und sie dem Berufsleben erneut zuführen.

Alle diese Anstrengungen und Angebote der Jugendsozialarbeit können sicher dazu beitragen, daß Benachteiligungen ausgeglichen, fehlende Kenntnisse nachgeholt, Apathie und Hoffnungslosigkeit überwunden und damit die Chancen für die berufliche Zukunft des einzelnen verbessert werden. Sie können jedoch nicht die eigentlichen Ursachen der Arbeitslosigkeit beseitigen, Lehrstellen und Arbeitsplätze schaffen.

1.5 Fallbeispiel[8]

Franz Josef S., geb. 1961, ging 1976 ohne Abschluß von der Hauptschule ab und begann eine Malerlehre. Er ist in der praktischen Arbeit recht geschickt, wird vom Chef auch gelobt und hat Spaß an seiner Arbeit.

Ein großer Nachteil besteht allerdings darin, daß er im ersten Lehrjahr kaum praktische Arbeit zu sehen bekommt, weil der Berufsschulunterricht als Blockunterricht zusammengezogen ist. Er sitzt also im ersten Lehrjahr praktisch wieder auf der Schulbank – zu unserem Erstaunen sogar sehr regelmäßig, was im letzten Hauptschuljahr nicht der Fall war, denn dort hat er die meiste Zeit geschwänzt.

In dieser Zeit können wir in seiner Gesamtstimmung eine auffallende Verbesserung beobachten, auch im Verhältnis zu uns. Er berichtet viel von sich und seiner Arbeit, während er vorher ziemlich verschlossen war und häufig aggressiv reagierte.

Zuweilen beklagt er sich allerdings, daß er kein Geld verdient und in der Schule Schwierigkeiten hat, und zwar vor allem in den Fächern Chemie, Farbenkunde und Gemeinschaftskunde. Dazu kommen Schwierigkeiten in der Familie: Er hat das Gefühl, daß er seinem nicht arbeitenden Bruder gegenüber benachteiligt wird.

[8] Dieses Beispiel wurde bei einem Referat eines Sozialarbeiters, der im Stuttgarter Raum in einem Arbeitslosenprojekt tätig ist, vorgetragen.

Die Schwierigkeiten kumulieren sich: Geld, Schule, Familie. Der Junge findet für seine Probleme keine Lösung und verschwindet mit der Kasse des Vaters für eine Woche nach Hamburg.
Als er zurückkommt, ist er von der Schule geflogen und hat die Lehrstelle verloren. Durch ein Gespräch mit den Eltern können wir die familiären Probleme zwar nicht lösen, aber wenigstens ein wenig entkrampfen.
Der Jugendliche ist jetzt vom Dezember 1976 bis Februar 1977 zum ersten Mal arbeitslos. Trotz unserer Bemühungen findet er keine geeignete Arbeitsstelle.
Im Januar beteiligt er sich mit anderen Jugendlichen an einer Straftat. Da er zu diesem Zeitpunkt bereits wegen verschiedener leichterer Delikte unter Bewährung steht, besteht die Gefahr, daß in der in einigen Monaten anstehenden Gerichtsverhandlung seine Bewährung widerrufen wird und er ins Gefängnis muß. Er kann dies möglicherweise noch durch eine sehr gute Führung verhindern.
Unter diesem Druck, der ihm vom Bewährungshelfer und von uns vergegenwärtigt wird, sucht er sich eine neue Arbeitsstelle bei einer Firma, die Klaviere baut. Seine Tätigkeit besteht darin, tage- und wochenlang die Filze für die Hämmer der Klaviere abzuschleifen, eine sehr eintönige und stupide Arbeit. Nach einem Monat macht er einige Tage „blau" und erhält postwendend die Kündigung.
Er ist nun wieder einen Monat ohne Arbeit und nimmt dann wieder unter dem Druck der bevorstehenden Gerichtsverhandlung eine neue Arbeit auf, und zwar bei einer lederverarbeitenden Firma. Der Junge muß Farben für die Lederverarbeitung mischen. Da ist viel Chemie dabei, und es stinkt furchtbar. Nach zwei Wochen bleibt er der Arbeit erneut fern.
Im Mai versucht er dann sein Glück über das Institut für Zeitarbeit DIS. Es wird ihm versprochen, im Malerbereich eingesetzt zu werden. Er kommt zu einem Maler, der sehr von ihm angetan ist und sich bei der Handwerkskammer erkundigt, ob der Jugendliche gleich bei ihm ins zweite Lehrjahr einsteigen kann. Dies ist jedoch nicht möglich, so entläßt er ihn wieder, weil ihm ein Hilfsarbeiter auf die Dauer zu teuer ist. (Dies ist übrigens bei Zeitarbeit ohne weiteres möglich. Überdies spart die Firma sich Sozialausgaben, weil sie nur befristete Arbeitsverhältnisse eingeht.)
Der Jugendliche ist nun immer noch bei dem Zeitarbeitsinstitut beschäftigt und soll beim Bau einer Entlüftungsanlage in einer etwa 50 km von seinem Wohnort entfernten Stadt eingesetzt werden und nicht im Malerbereich und der Nähe seines Wohnorts, wie ihm versprochen worden war. Da er keine Lust hat, jeden Tag den weiten Weg auf sich zu nehmen, kündigt er.
Inzwischen findet die Gerichtsverhandlung statt, bei der er noch einmal gut wegkommt. Im September bekommt er Arbeit bei einer Firma, die Altbauten renoviert. Das ist eine Arbeit, bei der es ziemlich staubt und bei der man mit stark riechenden Imprägnierungsmitteln zu tun hat (die Firma stellt keine Schutzmasken). Da der Jugendliche nicht genau eingewiesen wird, macht er einiges falsch und wird deshalb angepflaumt.
Bei Arbeiten an einer Kirche zieht der Vorarbeiter den Schlauch mit der Imprägnierungsflüssigkeit eine Leiter hinauf. Er schickt den Jugendlichen weg, einen Besen zu holen. Währenddessen fällt ihm der Schlauch herunter, und die klebrige Flüssigkeit, die sehr schwer zu entfernen ist, spritzt auf die Kirchenbänke und im ganzen Raum herum. In seinem Ärger schreit der Vorarbeiter den Jugendlichen an, er hätte ihm helfen sollen. An diesem Tag hat der Jugendliche mehrere solcher Erlebnisse. Auch die Gespräche am Abend bei uns im Club bringen ihm keine Erleichterung. Am nächsten Morgen fährt er mit der Straßenbahn zur Arbeitsstelle, dreht dann wieder um und gibt auch diese Tätigkeit auf.

Inzwischen haben wir durch einen erneuten Versuch beim Arbeitsamt eine Lehrstelle als Maler für ihn gefunden, wo er sogar gleich Geld bekommt und nicht en bloc zur Schule muß. Allerdings muß er täglich zwei Stunden Fahrzeit in Kauf nehmen, und wir wissen noch nicht, ob er das auf die Dauer verkraften wird.

2

Sonderprogramme von Bund und Ländern

Seit ungefähr drei Jahren haben Bund und Länder spezielle, gegen die Berufsnot der Jugendlichen gerichtete Maßnahmen eingeleitet und in „Sonderprogrammen“ zusammengefaßt. Im letzten Kapitel (vgl. die Übersichten 1–4) wurde bereits ein grober Überblick über einzelne Maßnahmen gegeben. Die Darstellung der inhaltlichen Schwerpunkte sowie der Bedingungen und Voraussetzungen zur Durchführung der Programme wird in diesem Kapitel versucht.

Zunächst sind jedoch einige grundsätzliche Vorbemerkungen zu den Möglichkeiten des Staates, Arbeitslosigkeit, Ausbildungsplatz- und Arbeitsplatzmangel zu bekämpfen, notwendig.

2.1 Vorbemerkungen

Es muß davon ausgegangen werden, daß der Staat gegenwärtig begrenzte Möglichkeiten zur wirksamen Bekämpfung der Arbeitslosigkeit und damit auch der Jugendarbeitslosigkeit hat. Direkte Einwirkungen auf die Ursachen, zumindest im nationalen Maßstab, widersprechen unserer liberalen Wirtschaftsverfassung. Darum bleiben dem Staat im wesentlichen folgende indirekte und in ihrer Wirksamkeit begrenzte Politikbereiche:

- Wirtschaftspolitik,
- Beschäftigungspolitik und
- Bildungspolitik.

1. *Wirtschaftspolitik:* Ziele sind zum einen die Förderung des Wachstums der Gesamtwirtschaft und die Überwindung der gegenwärtigen Krisensituation, zum anderen der Ausgleich von regionalen und branchenspezifischen Gefällen (regionale Strukturpolitik, Förderung der mittelständischen Betriebe). Selbst beschäftigungspolitische und bildungspolitische Maßnahmen sind eng mit wirtschaftspolitischen Erwägungen verbunden. Für 1978 wurden insgesamt rund 23 Mrd. DM in Form von Subventionen, zinsgünstigen Krediten und steuerlichen Entlastungen im Bereich der Wirtschaft „wirksam“.[9]

[9] Vgl. Herbert Ehrenberg: Sozialpolitik 1969–1978 Teil E: Arbeitsmarkt und Beschäftigungspolitik, Maschinenschrift, Bonn, 6. 6. 1978.

Durch konjunktur- und strukturpolitische Förderungsprogramme ist es allerdings bisher nicht gelungen, die Anzahl der Arbeitsplätze zu erhöhen. Häufig werden diese Mittel sogar für Rationalisierungsmaßnahmen eingesetzt, die eine Verringerung der Arbeits- und Ausbildungsplätze zur Folge haben.

2. *Beschäftigungspolitik:* Staatliche Beschäftigungspolitik versucht zunächst durch die Subventionierung von Lohnkosten, gezielt auf die Beschäftigungspolitik der privaten Unternehmen und in zunehmendem Maße auch auf die Personal- und Stellenpolitik der öffentlichen Hände bis hin zu den sozialen Diensten Einfluß zu nehmen. Sogenannte Arbeitsbeschaffungsmaßnahmen, in die vermehrt auch Jugendliche einbezogen werden, haben sich als Mittel zur Entlastung des Arbeitsmarktes als wirksam erwiesen. Für 1978 standen darum allein 1,2 Mrd. DM für rund 50 000 ABM-Stellen zur Verfügung.
   Weitere beschäftigungspolitische Maßnahmen richten sich direkt an die Arbeitsplatz- und Ausbildungsplatzsuchenden. Mit Hilfe von Mobilitätszulagen wird versucht, die regionalen Gefälle des Arbeitsmarktes auszugleichen. Seit kurzem intensiviert und verbessert die Arbeitsverwaltung die Methoden der Stellenvermittlung.[10] Hinzu kommen Versuche, die Qualifikationen der Stellenbewerber an die jeweiligen Erfordernisse des Arbeitsmarktes anzupassen. Hierzu gehören vor allem Fortbildungs- und Umschulungsmaßnahmen.
   Aber auch die bisherigen gezielten beschäftigungspolitischen Maßnahmen haben noch nicht zu der beabsichtigten Aufstockung der Arbeitsplatzzahlen geführt. Es besteht bei der Subventionierung von Lohnkosten sogar die Gefahr, daß die Arbeitgeber kurzfristig Arbeitslose einstellen, um an anderer Stelle durch Entlassungen einen Ausgleich der Beschäftigungszahl zu schaffen. In den seltensten Fällen werden die über ABM Beschäftigten nach Ablauf der Maßnahme (in der Regel 1 Jahr) weiterbeschäftigt.[11]
3. *Bildungs- und Berufsbildungspolitik:* Sie wurde und wird immer noch als Hauptinstrument zur Lösung der Probleme jugendlicher Arbeitsloser angesehen. Zu den bildungspolitischen Maßnahmen gehören der Ausbau der allgemeinbildenden Schulen, der Teilzeit-Berufsschulen, der berufsbildenden Vollzeitschulen und in begrenztem Maße auch der Hochschulen. Zur Verringerung der Arbeitslosenzahlen, auch im Hinblick auf die steigende Zahl der Schulabgänger, wird die Verlängerung der schulischen

---

[10] Vgl.: H. Ehrenberg: Vermittlungs- und Beschäftigungschancen werden gezielt verbessert, in: Sozialpolitische Informationen des BM f. AS v. 26. 7. 1978.

[11] Auf die ABM-Problematik bei Jugendhilfeprojekten wird im 4. Kapitel näher eingegangen.

und beruflichen Ausbildungszeit bevorzugt (Berufsgrundbildungsjahr, 10. Schuljahr). Andere Maßnahmen zielen auf die Erweiterung des Ausbildungsplatzangebots ab. Hierzu zählen die Subventionierung von Ausbildungskosten: Prämien für diejenigen Betriebe, die zusätzliche Lehrstellen zur Verfügung stellen, sowie Zuschüsse zu den laufenden Kosten. Von der Möglichkeit, neue Ausbildungsplätze in den Bereichen des öffentlichen Dienstes zu schaffen, wird bisher nur zögernd Gebrauch gemacht (3000 Plätze bei Bahn und Post).

Der Verbesserung der beruflichen Bildung dient der seit einigen Jahren vorangetriebene Ausbau der über- und außerbetrieblichen Ausbildungsstätten.

Schließlich gehören zu den berufsbildungspolitischen Maßnahmen die berufsvorbereitenden Lehrgänge. Sie werden von der Bundesanstalt für Arbeit finanziert und von verschiedenen öffentlichen und freien Trägern durchgeführt (bis Ende 1977 liefen insgesamt 1016 G-, F- und E-Lehrgänge mit 31145 Teilnehmern).

Alle aufgezeigten Möglichkeiten werden zur Zeit verfolgt und sind als Bestandteile der Sonderprogramme von Bund und Ländern identifizierbar. Welche einzelnen Maßnahmen in das jeweilige Programm aufgenommen werden, hängt allerdings von der aktuellen Situation und deren Beurteilung durch die einzelne Regierung ab. Darum sind diese Programme sowohl von ihrer Zielsetzung als auch von ihrem finanziellen Umfang (soweit darüber überhaupt Aussagen vorliegen) weder miteinander vergleichbar noch in Kürze übersichtlich darzustellen. Es ist darum erforderlich, nacheinander auf die einzelnen Programme und ihre Bestandteile einzugehen. Dies geschieht bei den Bundesprogrammen anhand von zwei Beispielen. Bei den Ländern werden sämtliche bekannten Programme berücksichtigt. Darüber hinaus wird an einem Beispiel aufgezeigt (siehe 2.3.6), in welcher Form ein Träger der Jugendsozialarbeit in ein Länderprogramm einbezogen werden kann.

2.2 Programme und Maßnahmen des Bundes

2.2.1 Arbeitsmarktpolitische Sonderprogramme[12]

Zusätzlich zu den konjunktur- und finanzpolitischen Programmen sowie den arbeitsmarktpolitischen Maßnahmen nach dem Arbeitsförderungsgesetz (AFG) wurden von der Bundesregierung bisher folgende Sonderprogramme beschlossen:

[12] Vgl. H. Ehrenberg: Sozialpolitik 1969–1978, a. a. O., S. 12 ff.

1. *Arbeitsmarkt- und berufsbildungspolitisches Programm zur Bekämpfung der Jugendarbeitslosigkeit vom 28.1.1976*

Gesamtvolumen: 360 Mio. DM

Inhalte:
- Der Bundesanstalt für Arbeit wurden 200 Mio. DM für Arbeitsbeschaffungsmaßnahmen, für die Förderung von Bildungsmaßnahmen für jugendliche Arbeitnehmer und für die Förderung von Einrichtungen, die Bildungsmaßnahmen für Jugendliche durchführen, zur Verfügung gestellt.
- Weitere 35 Mio. DM erhielt sie aus Mitteln des Bundesministers für Bildung und Wissenschaft für die Förderung von Trägern überbetrieblicher und außerbetrieblicher Berufsausbildung.
- 6,5 Mio. DM wurden unmittelbar Bundespost und Bundesbahn zur Schaffung von zusätzlichen Ausbildungsplätzen bereitgestellt.

2. *Sonderprogramm des Bundes und der Länder für Schwerbehinderte vom 1.11.1976*

100 Mio. DM wurden für die verstärkte Bereitstellung von Arbeits- und Ausbildungsplätzen für Schwerbehinderte zur Verfügung gestellt. Damit konnten 8700 Schwerbehinderte in Ausbildung und Arbeit eingegliedert werden.

3. *Arbeitsmarktpolitische Beschäftigungshilfen vom 10.11.1976*

Für Mobilitäts- und Eingliederungshilfen an längerfristig Arbeitslose wurden insgesamt 430 Mio. DM bereitgestellt.

4. *Beschlüsse der Bundesregierung vom 25.5.1977*
- 330 Mio. DM für die Fortführung der Arbeitsbeschaffungsmaßnahmen vor allem für Problemgruppen des Arbeitsmarktes: ältere Frauen, langfristig Arbeitslose.
- 270 Mio. DM für einen neuen Schwerpunkt: die Bereitstellung von Arbeitsplätzen im sozialen Dienst (gerade auch für teilzeitarbeitsuchende Frauen).

5. *Zweites Sonderprogramm des Bundes und der Länder für Schwerbehinderte vom 2.1.1978*

Für die Einstellung längerfristig arbeitsloser Schwerbehinderter und die Bereitstellung von Ausbildungsplätzen für schwerbehinderte Jugendliche wurden für 1978 weitere 100 Mio. DM bereitgestellt. Damit können voraussichtlich wieder rund 8000 bis 9000 Schwerbehinderte in Ausbildung oder Arbeit vermittelt werden.

6. Außerdem hat die Bundesregierung durch eine gezielte Politik *zusätzliche berufliche Ausbildungskapazitäten für Jugendliche* geschaffen:
- Zusätzliche Haushaltsmittel zur *Förderung überbetrieblicher Ausbildungsstätten:* Bis zum 31.10.1977 wurden durch die Bundesregierung rd. 400 Mio. DM für insgesamt 23 700 Plätze in überbetrieblichen Ausbildungsstätten bewilligt.
- Investitionsprogramm zur Schaffung zusätzlicher Ausbildungskapazitäten im Rahmen des *Stufenplanes zu Schwerpunkten der beruflichen Bildung* vom 18.11.1976: Diese Investitionshilfen der Bundesregierung mit einem Förderungsvolumen von insgesamt 400 Mio. DM dienen insbesondere in strukturschwachen Gebieten und Randlagen von Ballungs-Räumen dem Ausbau des beruflichen Schulwesens, und zwar der Erweiterung des Teilzeit-Berufsschulunterrichts, dem Ausbau des schuli-

schen Berufsgrundbildungsjahres sowie für Bau- und Ausstattungsmaßnahmen an Berufsfachschulen und von Trägern berufsbefähigender Maßnahmen.
Mit diesen Mitteln beteiligt sich der Bund bis zu 50% an entsprechenden Investitionen der Länder.
- *Erhöhung der Ausbildungsleistung* des Bundes für 1978 um rund 20%:
Die gewerblich-technischen Ausbildungsmöglichkeiten werden überwiegend durch Bundesbahn und Bundespost, die Ausbildungsmöglichkeiten in Verwaltungsberufen überwiegend im Geschäftsbereich des Bundesarbeitsministeriums bereitgestellt. (Das Gesamtangebot an Ausbildungsplätzen von rund 584000 im Jahr 1977 hat sich gegenüber 1974 um mehr als 100000 erhöht, liegt aber immer noch um rund 10000 niedriger als etwa 1970.)

7. Schließlich hat die Bundesregierung durch eine Vielzahl spezieller, *gezielter Maßnahmen zur Entlastung des Arbeitsmarktes* und zur Verbesserung der Vermittlung der Arbeitslosen beigetragen:
- Anwerbestopp für ausländische Arbeitnehmer vom November 1973.
- Verlängerung der Höchstdauer für das Kurzarbeitergeld auf 24 Monate.
- Verstärkung der Vermittlungs- und Beratungstätigkeit der Bundesanstalt für Arbeit durch Einrichtung von 1600 zusätzlichen Planstellen (1000 Vermittler und 600 Berufsberater).
- Förderung der Vermittlungsbereitschaft von Arbeitslosen:
Durch die Teilnahme an ABM oder vorübergehende Ausübung einer minderbezahlten Tätigkeit wird der Anspruch auf Arbeitslosengeld nicht vermindert.
In der beruflichen Bildungsförderung, insbesondere für jugendliche Arbeitslose, sind die erleichterten Zugangsvoraussetzungen verlängert worden.
Sperrzeiten wegen unbegründeter Arbeitsaufgabe oder Ablehnung einer zumutbaren Arbeit verkürzen nunmehr die Bezugsdauer von Arbeitslosengeld.
Arbeitslosengeld und Arbeitslosenhilfe für Berufsanfänger sind der zuvor bezogenen Ausbildungsvergütung angenähert worden, um die Vermittlungsbereitschaft dieses Personenkreises zu unterstützen.

2.2.2 Beispiele

Da es in diesem Rahmen nicht möglich ist, auf jedes einzelne Programm und jede einzelne Maßnahme der oben genannten arbeitsmarktpolitischen Bemühungen der Bundesregierung einzugehen, sollen nähere Einzelheiten zur Umsetzung der Programme anhand von zwei ausgewählten, für die Träger der Jugendhilfe und Jugendsozialarbeit relevanten Beispielen verdeutlicht werden:
- durch das 270-Millionen-Programm für Arbeitsbeschaffungsmaßnahmen im Bereich der sozialen Dienste (Teil des arbeitsmarktpolitischen Programms vom 25.Mai 1977);
- durch das Programm zur Förderung überbetrieblicher Ausbildungsstätten.

1. *Förderung von Maßnahmen im Bereich der sozialen Dienste*

Rechtsgrundlagen:
- Verwaltungsvereinbarung zwischen dem Bundesministerium für Arbeit und Sozialordnung und der Bundesanstalt für Arbeit vom 28.6.1977.
- Rd.-Erl. 237/77 der Bundesanstalt für Arbeit.

Zielsetzung:
Dieser Teil des Programms der Bundesregierung ist schwerpunktmäßig darauf ausgerichtet, teilzeitarbeitsuchende Frauen sozialen Diensten zuzuweisen, die – über eine kurzfristige Einweisung hinaus – eine besondere Ausbildung nicht erfordern. Eine über die erforderliche Einweisung hinausgehende, den Arbeiten vorgeschaltete Aus- oder Fortbildung der zugewiesenen Arbeitslosen kann im Rahmen der Arbeitsbeschaffungsmaßnahmen nicht gefördert werden. Die Leistungen werden aber auch für tätigkeitsbegleitenden Unterricht von bis zu einer Woche während der Maßnahme gewährt.
Wenn auch das Programm schwerpunktmäßig auf Teilzeitbeschäftigung ausgerichtet ist, sind Vollzeitbeschäftigungen in einzelnen Fällen nicht von der Förderung ausgeschlossen.
Die Zuweisung von ausgebildeten arbeitslosen Sozialarbeitern, Sozialpädagogen, Krankenschwestern, Krankenpflegern usw., auch die Zuweisung von Verwaltungskräften, die etwa bei den einzelnen Trägern zur Durchführung des Programms benötigt werden, ist ebenfalls möglich.
Das zahlenmäßige Verhältnis der Vollzeitkräfte zu den Teilzeitkräften sollte 1:2 (ein Vollzeitarbeitsplatz zu zwei Teilzeitarbeitsplätzen) nicht übersteigen. Wenn dieses Verhältnis insgesamt (auf Landesarbeitsamtsebene) gewahrt bleibt, können einzelne Träger nur Teilzeitkräfte, andere nur Vollzeitkräfte im Rahmen ihrer Maßnahme beschäftigen.

Maßnahmearten:
Im Rahmen des arbeitsmarktpolitischen Programms sollen möglichst neue Aktivitäten im Bereich der sozialen Dienste gefördert werden. Eine bloße Verbesserung der Finanzierung bestehender Sozialeinrichtungen ist damit ausgeschlossen. Die zu fördernden Maßnahmen müssen sich nach den Bestimmungen über die Förderung von „Allgemeinen Maßnahmen zur Arbeitsbeschaffung" richten, insbesondere müssen die Voraussetzungen nach § 91 Abs. 2 Satz 1 AFG erfüllt sein (ABM müssen im öffentlichen Interesse liegen).
Vorrangig förderungsfähig sind Maßnahmen der Beratung und Betreuung in der Sozialarbeit, insbesondere die ambulanten sozialpflegerischen Dienste, wie etwa Familienpflege, häusliche Krankenpflege, häusliche Altersversorgung, Behindertenbetreuung, Rettungsdienste, Hausaufgabenbetreuung, Spielplatzbetreuung, zusätzliche Aktivitäten im Rahmen der Eingliederung von Aussiedlern und Zuwanderern, sozialpädagogische Betreuungsarbeiten sowie sonstige Beratungsdienste.
Daneben kann noch eine Vielzahl von Arbeiten für eine Förderung in Betracht kommen, die sich erfahrungsgemäß aus den örtlichen Verhältnissen heraus ergeben werden. Die Dienststellen sollen deshalb mit den Kommunen und örtlichen Arbeitsgemeinschaften der freien Wohlfahrtspflege zusammenwirken und aufgrund des Bedarfs an zusätzlichen sozialen Diensten und der Eignung dementsprechend motivierter Arbeitsloser, die zugewiesen werden könnten, feststellen, welche Maßnahmen durchgeführt werden können und sollen.
Soweit Rechtsansprüche auf soziale Dienste der Kommunen (z.B. Bundessozialhilfe-

gesetz, Jugendwohlfahrtsgesetz) bestehen oder konkret umrissene zusätzliche Pflichten (z. B. Jugendgerichtshilfe) den Kommunen auferlegt worden sind, liegen die Förderungsvoraussetzungen nicht vor. Es gibt jedoch Teilbereiche von sozialen Diensten der Kommunen, die diesen bisher nicht gesetzlich vorgeschrieben sind, für deren Durchführung aber ein stärker werdender Bedarf besteht (vor allem die Arbeit in sogenannten ambulanten Diensten, Sozialstationen, Haus-, Familien- und Altenpflege sowie Behindertenbetreuung, Betreuung arbeitsloser Jugendlicher u. a.).

Förderung:
Die mit der Bundesregierung getroffene Vereinbarung sieht im Regelfall einen Zuschuß von 80% des Arbeitsentgelts i. S. des § 94 AFG für zugewiesene Arbeitnehmer vor. Es bestehen jedoch keine Bedenken, wenn – um das Anlaufen von Maßnahmen zu gewährleisten – zunächst mit einem höheren Prozentsatz und später mit einem niedrigeren Satz gefördert wird. Eine solche Stufenförderung muß im Anerkennungsbescheid ausgesprochen werden. Einschließlich der verstärkten Förderung soll die Gesamtförderung 100% des förderungsfähigen Arbeitsentgelts nicht überschreiten.
Förderungsfrist: Die Förderungsfrist der Maßnahmen im Bereich der sozialen Dienste ist auf höchstens ein Jahr zu begrenzen.

Personenkreis:
Gefördert werden nur Personen, die Arbeitslosengeld oder Arbeitslosenhilfe beziehen oder sich als Arbeitslose vor dem 1. Juli 1977 beim Arbeitsamt gemeldet haben und noch arbeitslos sind (der Stichtag wird in der Regel fortgeschrieben).
Bei berufsfremden Personen, die für eine Zuweisung in Betracht kommen, ist die Frage der Eignung für eine Tätigkeit im sozialen Dienst besonders zu beachten. Fehlen Motivation und Geschicklichkeit für eine derartige Tätigkeit, ist von einer Zuweisung abzusehen. Dies ist jedoch anders zu beurteilen, wenn es sich um in einem sozialen oder verwandten Beruf ausgebildete Arbeitslose für dementsprechende Tätigkeiten handelt.

Allgemeines:
Damit die zusätzlichen Maßnahmen zur Arbeitsbeschaffung den Arbeitsmarkt so schnell wie möglich entlasten, soll besonderer Wert darauf gelegt werden, daß sich die Direktoren und die Führungskräfte der zuständigen Abteilungen der Arbeitsämter persönlich für die Gewinnung von Maßnahmeträgern einsetzen. Es müssen im Interesse des Gemeinwohls alle Anstrengungen unternommen werden, um dem Sonderprogramm zu einem Erfolg zu verhelfen und damit zur beruflichen Wiedereingliederung der von der gegenwärtigen Arbeitsmarktsituation besonders betroffenen Problemgruppen beizutragen.

2. *Programm zur Förderung überbetrieblicher Ausbildungsstätten*

Rechtsgrundlagen[13]:
- Richtlinien zur Förderung überbetrieblicher Ausbildungsstätten vom 19. 9. 1973.
- Richtlinien über die Gewährung von Zuwendungen zu den laufenden Kosten überbetrieblicher Ausbildungsstätten vom 29. 3. 1978.
- Schnellbrief des Bundesministers für Bildung und Wissenschaft vom 24. 8. 1977: Erweiterung der Förderungsmöglichkeiten durch das Programm für Zukunftsinvestitionen.

---

[13] Diese Richtlinien sowie Vordrucke für die Antragstellung können beim Bundesinstitut für Berufsbildung, Friesendorfer Straße 151–153, 5300 Bonn, angefordert werden.

- Schnellbrief des Bundesministers für Bildung und Wissenschaft vom 21.9.1977: Erweiterung der Förderungsmöglichkeiten durch das Programm für Zukunftsinvestitionen.

Finanzierung:
Überbetriebliche Ausbildungsstätten werden derzeit aus folgenden Einzelprogrammen des Bundes und der Länder finanziert:
- Schwerpunktprogramm überbetrieblicher Ausbildungsstätten
  Umfang: 1977–1981 700 Mio. DM.
- Programm für Zukunftsinvestitionen
  Umfang: insgesamt 16 Mrd. DM – davon 100 Mio. DM für überbetriebliche Ausbildungsstätten.
- Durch das Zonenrandförderungsgesetz
  Umfang: 1977–1979 79 Mio. DM.
- Durch die Bundesanstalt für Arbeit nach § 50 Arbeitsförderungsgesetz (AFG).
- Durch die Struktur- und Gewerbeförderung der Länder.

Bis zum 31.10.1977 wurden insgesamt 23700 Ausbildungsplätze gefördert. Die durchschnittlichen Kosten pro Platz betrugen 40000 DM.

Zielsetzung:
Das Programm zur Förderung überbetrieblicher Ausbildungsstätten ist als Bestandteil der Reform der beruflichen Bildung zu betrachten. Dabei werden folgende Ziele verfolgt:
- Systematisierung und Pädagogisierung der betrieblichen Ausbildung,
- die curriculare Abstimmung[14] der Ausbildung zwischen der Berufsschule und der betrieblichen Ausbildung,
- die Umgestaltung des ersten Jahres der Berufsausbildung zu einem Berufsgrundschuljahr,
- die Ergänzung und Verbesserung der betriebsbedingten unterschiedlichen Ausbildungsleistungen der Ausbildungsbetriebe,
- die Erweiterung des Ausbildungsangebots in strukturschwachen Regionen und im Zonenrandgebiet,
- die Förderung der Integration beruflicher und allgemeiner Bildung durch Abstimmung, Verzahnung und Verflechtung der Bildungsgänge in einem Bildungssystem.

Die Erreichung dieser Ziele kann durch eine Verstärkung der die betriebliche Ausbildung ergänzenden Ausbildung in überbetrieblichen Einrichtungen wesentlich unterstützt werden. Das gilt besonders für die Ausbildung in kleineren und mittleren Betrieben.

Was sind überbetriebliche Ausbildungsstätten?
Eine überbetriebliche Ausbildung im Sinne dieser Richtlinien wird in Einrichtungen durchgeführt, die außerhalb betrieblicher Ausbildungseinrichtungen und außerhalb der Schule bestehen und nicht an ein bestimmtes Unternehmen gebunden sind.
(Im Unterschied zu *außerbetrieblichen Ausbildungsstätten,* dies sind schulische oder betriebliche Werkstätten, die durch die Schule oder den Betrieb nicht selbst, sondern durch Dritte genutzt werden.)

---

[14] Abstimmung der Lehrpläne.

Gegenstand der Förderung:

1. Gefördert werden die Errichtung, die Erweiterung und die Ausstattung überbetrieblicher Ausbildungsstätten insbesondere für gewerblich-technische Ausbildungsberufe.
   Vorrangig sind:
   - Ausbildungsstätten für strukturschwache Gebiete,
   - Ausbildungsstätten für ein Berufsgrundbildungsjahr und
   - gemeinsame Ausbildungsstätten für mehrere Bereiche, vor allem für
   - Industrie und Handwerk.
2. Gefördert werden die laufenden Kosten neu errichteter oder erweiterter Ausbildungsstätten:
   - Personalkosten (Vergütungen der Angestellten, Löhne der Arbeiter, Beschäftigungsentgelte, Aufwendungen für nebenamtlich Tätige, Unterstützungen und Fürsorgeleistungen);
   - Sachkosten (Geschäftsbedarf, Bücher, Zeitschriften, Post- und Fernmeldegebühren, Haltung von Fahrzeugen, Bewirtschaftung von Grundstücken, Gebäude und Räume, Mieten für Geräte und zusätzlichen Raumbedarf, Verbrauchsmittel, Lehr- und Lernmittel, Dienstreisen).
3. Seit 1977 werden besonders gefördert:
   - Bau und Ausstattung von überbetrieblichen Lehrwerkstätten, in denen besondere Maßnahmen der Berufsbildung zur Minderung von Beschäftigungsrisiken von Jugendlichen durchgeführt werden. Solche Maßnahmen sind:
     a) nicht nur ergänzende Kurse, sondern auch längere Ausbildungsabschnitte im Rahmen von Berufsausbildungsverhältnissen nach dem Berufsbildungsgesetz;
     b) berufsbefähigende Lehrgänge und Grundlehrgänge der Bundesanstalt für Arbeit außerhalb von Berufsausbildungsverhältnissen;
     c) berufsbefähigende Maßnahmen von Ländern oder Gebietskörperschaften;
     d) Fortbildungs- und Umschulungsmaßnahmen, wenn das Schwergewicht der Nutzung der überbetrieblichen Ausbildungsstätte auf der Ausbildung liegt.

Höhe der Förderung:

1. Bau, Erweiterung und Ausstattung: Die Förderung erfolgt nur im Rahmen der verfügbaren Haushaltsmittel. Eine angemessene Eigenleistung des Trägers ist erforderlich.
2. Laufende Kosten: Es wird ein Zuschuß von bis zu 50% des Fehlbetrags zwischen den Ausgaben für überbetriebliche Ausbildungsmaßnahmen und den Einnahmen (Gebühren, Fördermittel Dritter) gegeben.

Genauere Angaben können hier nicht gemacht werden. Die Höhe der Förderung richtet sich nach dem Standort, der Art des Projekts und den verfügbaren Haushaltsmitteln.

Bedingungen und Voraussetzungen der Förderung:

Allgemeine Gesichtspunkte:

- Beim Bau überbetrieblicher Ausbildungsstätten ist sicherzustellen, daß diese sowohl der beruflichen Grundbildung als auch der beruflichen Fachbildung dienen.
- Bei der Standortwahl soll eine Verbindung mit beruflichen Schulen vorgesehen werden.
- Die überbetrieblichen Ausbildungsstätten sollen unternehmensunabhängig eingerichtet werden und grundsätzlich allen Jugendlichen entsprechender Ausbildungsberufe offenstehen.

- Bei der Vergabe von Mitteln, die für die Wirtschaftsförderung zweckgebunden sind, sind vor allem die bildungspolitischen Ziele zu berücksichtigen.
- Der Träger der Ausbildungsstätte kann beliebig organisiert sein. Er muß jedoch, wenn er vom Bund gefördert werden will, einen Ausschuß bilden, in dem Vertreter von Arbeitgebern, Arbeitnehmern und Vertreter der Berufsschulen in gleicher Anzahl vertreten sind.
- Die Ausbildungsstätten sollen in räumlicher Nähe der Berufsschulen errichtet werden. Die Standorte sind in die Schul-, Regional- und Raumplanung der Länder einzubeziehen.
- Mit der Bundesanstalt für Arbeit soll eine enge Zusammenarbeit erfolgen.
- Das Erfordernis der Ausbildungsstätte muß sich aus einem für das gesamte Bundesgebiet aufzustellenden Bedarfsplan für überbetriebliche Ausbildungsstätten ergeben. Die Aufstellung des Bedarfsplans erfolgt in Zusammenarbeit mit den Ländern auf der Grundlage der von diesen aufzustellenden Pläne und bedarf für das Gebiet dieses Landes dessen Zustimmung.

Besondere Bewilligungsbedingungen:
- abgemessene Eigenleistung des Trägers,
- rationelle Durchführung der Bauvorhaben.
- Auf die Förderung besteht kein Rechtsanspruch.
- Geförderte Gegenstände dürfen nicht zweckentfremdet verwendet werden.

Verfahrensweg:
1. Mitteilung der Träger (so früh wie möglich) über die oberste Landesbehörde an den Bundesminister für Bildung und Wissenschaft. Dieser informiert den Anzeigenden über die Einzelheiten und den Gang des Verfahrens und benachrichtigt die Bundesanstalt für Arbeit.
2. Für die Planung der überbetrieblichen Ausbildungsstätten beteiligt die oberste Landesbehörde den Landesausschuß für Berufsbildung.
3. Einem Antrag sind stets beizufügen:
   - ein Finanzierungsplan
   - die Bauunterlagen
   - der Benutzungsplan
   - eine Stellungnahme der für die beabsichtigte Ausbildung zuständigen Stellen, die hierbei ihren Berufsbildungsausschuß beteiligen
4. Der Antrag ist über die oberste Landesbehörde einzureichen, die auch zu der Einordnung des Projekts, dessen Förderung beantragt wird, in die Regional- und Schulplanung Stellung nimmt.
5. Zuwendungen dürfen nur gewährt werden,
   - wenn bauliche Vorhaben noch nicht begonnen haben,
   - wenn Ausstattungsgegenstände noch nicht bestellt sind (Ausnahmen in begründeten Fällen durch den BMBW).
6. Der Bewilligung und Zahlung sowie der Abwicklung der Zuwendungen sind zugrunde zu legen:
   - die Bestimmungen der Bundeshaushaltsordnung
   - die hierzu erlassenen Verwaltungsvorschriften einschließlich der Grundsätze für die Verwendung der Zuwendungen des Bundes
   - die hierzu erlassenen Verwaltungsvorschriften für den Nachweis und die Prüfung der Verwendung von Fördermitteln
   - die baufachlichen Ergänzungsbestimmungen zu den vorläufigen Verwaltungsvorschriften zu § 44 Abs. 1 Bundeshaushaltsordnung.

Verfahrensweg bei Zuwendungen zu den laufenden Kosten:

1. Der Träger der Ausbildungsstätte hat den vom BMBW herausgegebenen Vordruck zur Antragstellung in dreifacher Ausfertigung bis zum 31. März des laufenden Jahres beim BMBW zu stellen.
   Im Jahre der erstmaligen Nutzung gilt die Frist als gewahrt, wenn der Antrag bis zum 30. September gestellt wird.
2. Dem Antrag sind ein Nutzungsplan oder andere geeignete Unterlagen beizufügen. Dem zuständigen Landesminister ist eine Antragsdurchschrift vom Antragsteller zuzuleiten.
3. Über den Antrag entscheidet der BMBW. Es erfolgt ein schriftlicher Bescheid, der erst dann wirksam wird, wenn sich der Zuwendungsempfänger schriftlich mit seinem Inhalt einverstanden erklärt hat.
4. Der Zuschuß wird jährlich auf Anforderung in einer Summe, jedoch nicht vor dem ersten Juli des jeweiligen Haushaltsjahrs ausbezahlt.
5. Die Verwendung des Zuschusses ist spätestens bis zum 28. Februar des folgenden Haushaltsjahrs nachzuweisen.
   Die den Nachweis begründenden Unterlagen:
   – Zusammenstellung über die Nutzung der Ausbildungsstätte,
   – Zahlungs- und Buchungsbelege,
   sind vom Zahlungsempfänger für die Dauer von fünf Jahren aufzubewahren.
6. Unterhält der Träger eine eigene Prüfungseinrichtung, so sind die Abrechnungsunterlagen von dieser vorher zu prüfen und ist die Prüfung unter Angabe des Ergebnisses zu bescheinigen.

2.3 Sonderprogramme der Bundesländer

Die Sonderprogramme der Länder sind, wie bereits angedeutet, sehr unterschiedlich angelegt. Sie spiegeln die jeweilige Problemsituation eines Bundeslandes sowie deren Beurteilung durch die Landesregierung wider. Vor allem in bezug auf die Förderung von Maßnahmen der Jugendhilfe und Jugendsozialarbeit sind die Unterschiede beträchtlich.
Es sollen nun die einzelnen Sonderprogramme der Bundesländer „zum Abbau der Arbeitslosigkeit Jugendlicher und zur Verbesserung der Situation auf dem Ausbildungsstellenmarkt“ nacheinander vorgestellt werden.
Als grobes Raster der Untersuchung gelten folgende Kriterien:

a) rechtliche Grundlagen,
b) finanzieller Umfang (diese Angaben beziehen sich meist auf das Jahr 1977),
c) geförderte Maßnahmen,
d) Träger/Leistungsempfänger,
e) Voraussetzungen der Förderung,
f) Art der Zuwendungen,
g) Form und Weg der Antragstellung,
h) weiterer Verlauf der Förderung/Verwendungsnachweis.

2.3.1 Baden-Württemberg

a) *Grundlagen:*
  - Richtlinien des Ministers für Arbeit, Gesundheit und Sozialordnung Baden-Württemberg über die Arbeits- und Berufsförderung junger Menschen aus Mitteln des Landes vom 15.4.1975 in der Fassung vom 12.6.78 Nr. II/3–2760.1/78.
  - Merkblatt des Ministeriums für Wirtschaft, Mittelstand und Verkehr für die Gewährung von Finanzhilfen im Rahmen des Gesamtprogramms der Landesregierung zur Sicherung von Ausbildungsplätzen und zur Bekämpfung der Jugendarbeitslosigkeit vom 6.4.1977 Nr. II 6200–199/466.

b) *Finanzieller Umfang:*
  - MAGS-Programm 5,18 Mio. (1977)
  - MWMV-Programm 25,5 Mio. (1977)

c) *Geförderte Maßnahmen:*
  1. Grundausbildungslehrgänge der Bundesanstalt für Arbeit (G1, G2, G3).
  2. Förderungslehrgänge (F).
  3. Lehrgänge zur Verbesserung der Eingliederungsmöglichkeiten (E).
  4. Lehrgänge für arbeitslose junge Menschen, die im Anschluß an eine Berufsausbildung eine entsprechende Berufstätigkeit nicht aufnehmen konnten.
  5. Berufsausbildung behinderter bzw. sozialgeschädigter Jugendlicher in außerbetrieblichen Ausbildungsstätten.
  6. Berufsausbildung in der städtischen Hauswirtschaft, sofern sie in Familien- und Anstaltshaushalten mit Gemeinnützigkeitsstatus, bei denen die Ausbildung nicht im Rahmen eines wirtschaftlichen Geschäftsbetriebs erfolgt, durchgeführt wird und eine Förderung nach dem Merkblatt des MWMV für das Sonderprogramm zur Sicherung von Ausbildungsplätzen nicht möglich ist.
  7. Maßnahmen der Arbeitshilfe für arbeitslose junge Menschen, deren Vermittlung in berufliche Ausbildungsstellen oder in Arbeit aus verhaltensbedingten oder ähnlichen Gründen kurzfristig nicht möglich ist.
  8. Gemeinschaftsarbeiten für arbeitslose junge Menschen, die der Arbeitsvermittlung zur Verfügung stehen, aber mangels Erfüllung der weiteren Voraussetzungen Leistungen nach den Bestimmungen des vierten Abschnitts des AFG nicht erhalten können.
  9. Die Bereitstellung von zusätzlichen Plätzen im Rahmen des freiwilligen sozialen Jahres.
  10. Sozialpädagogische Betreuungsmaßnahmen für arbeitslose und berufsunreife Jugendliche mit Sozialisations- und Motivationsdefiziten.

  Nach dem MWMV-Programm:

  11. Zuschüsse an Betriebe, die
      - Auszubildende von in Konkurs oder Liquidation gegangenen Betrieben aufnehmen und ihnen eine Fortsetzung der Ausbildung ermöglichen;
      - eine zwei- bis dreijährige Berufsausbildung für Behinderte entsprechend ihren Fähigkeiten durchführen;
      - in strukturschwachen Gebieten mit besonderen Engpässen zusätzliche Ausbildungsplätze bereitstellen;
      - Ausbildungsplätze für Aussiedler, die nach dem 1.1.1974 in die Bundesrepublik eingereist sind, bereitstellen.

d) *Träger/Leistungsempfänger:*
  - Gemeinden, Gemeindeverbände und Landkreise,

- Arbeitgeber und Arbeitnehmerorganisationen und deren Bildungswerke,
- Industrie- und Handelskammern sowie Handwerkskammern,
- Verbände, Vereine und sonstige Zweckgemeinschaften mit gemeinnütziger Zielsetzung,
- Betriebe beim Vorliegen eines besonderen arbeitsmarktpolitischen Interesses,
- Betriebe, die Maßnahmen nach Punkt 11 durchführen.

e) *Voraussetzungen der Förderung:*

1. Die Maßnahmen 1–4 müssen im Hinblick auf die Dauer, Gestaltung des Lehrplans, Unterrichtsmethode, Ausbildung und der beruflichen Erfahrung der Lehrkräfte eine Qualifizierung der Teilnehmer erwarten lassen.
   Die Maßnahmen nach Nr. 5 müssen in außerbetrieblichen Ausbildungsstätten freier Trägerverbände durchgeführt werden und den besonderen Belangen der Behinderten Rechnung tragen.
   Die Maßnahmen nach Nr. 7 müssen Vorhaben beinhalten, bei denen die Teilnehmer unter geeigneter Anleitung und möglichst umfassender sozialpädagogischer Betreuung mit regelmäßiger Arbeit vertraut gemacht werden können und zu einer produktiven Beschäftigung bei angemessenen Bedingungen geführt werden.
   Die Maßnahmen nach Nr. 8 sollen Arbeiten beinhalten, die gemeinnützig und zusätzlich sind, d. h. auf andere Weise nicht, nicht in diesem Umfang oder nicht zu diesem Zeitpunkt vorgenommen werden können und für deren ordnungsgemäße Ausführung ein Entgelt in einer an der Arbeitslosenhilfe orientierten Höhe gewährt wird.
2. Die Förderung setzt voraus, daß die Träger der Maßnahmen eigene Leistungen in angemessenem Verhältnis zu den Gesamtkosten aufbringen und alle Möglichkeiten der Förderung durch andere öffentliche Stellen ausschöpfen.
   Bei der Höhe der eigenen Beteiligung werden die finanziellen Verhältnisse der Träger und das Maß des Interesses des Landes bei der Durchführung der Maßnahmen berücksichtigt.

f) *Zuwendungen:*

1. An Träger (Projektförderung)
   - Darlehen, Zinszuschüsse und Zuschüsse für die Maßnahmen 1–5 für die Errichtung und Ausstattung von Einrichtungen:
     4000 DM für die Maßnahmen 1–4 und
     10 000 DM für Nr. 5 je Teilnehmerplatz sollten nicht überschritten werden.
   - Zuschüsse für die Vorbereitung der Maßnahmen 1–5 und 7.
   - Zuschüsse zu den laufenden Kosten der Maßnahmen 1–5 beim Vorliegen eines besonderen arbeitsmarktpolitischen Interesses, wenn die Kosten nicht durch die von der BA zu tragenden Lehrgangsgebühren oder andere Einnahmen gedeckt sind.
   - Zuschuß von 1650 DM je Ausbildungsjahr für die Durchführung der Berufsausbildung in der städtischen Hauswirtschaft (Nr. 6).
   - Zuschüsse in Höhe von 50 % des tariflichen oder ortsüblichen Entgelts für die Dauer bis zu sechs Monaten. Eine Verlängerung bis zu einem Jahr ist möglich. Erfolgt die Betreuung durch Sozialpädagogen, können Mittel bereitgestellt werden (s. u.).
   - Zuschüsse in Höhe bis zu 150 DM wöchentlich als Ersatz für das zu gewährende Entgelt zuzüglich der anfallenden Sozialversicherungsbeiträge für Maßnahmen nach Nr. 8.

– Der Zuschuß für jeden zusätzlich bereitgestellten Platz im Rahmen des freiwilligen sozialen Jahres jährlich 2000 DM.
– Sozialpädagogische Betreuungsmaßnahmen werden, sofern sie der Motivierung und Betreuung arbeitsloser Jugendlicher im Vorfeld der beruflichen Bildung, der Begleitung von Maßnahmen Nr. 1–3 und 5 (wenn die Kosten nicht durch die BA abgedeckt sind) sowie der Unterstützung des Übergangs der geförderten Jugendlichen in das Arbeitsleben dienen, mit einem Zuschuß bis zu 70%, in Ausnahmefällen, insbesondere bei mangelnder finanzieller Leistungsfähigkeit des Trägers und einem besonderen öffentlichen Interesse an der Durchführung, mit einem Zuschuß bis zu 100% der notwendigen Personalkosten gefördert; bei einwöchigen Seminaren beträgt der Zuschuß für die Abdeckung der entstehenden Kosten einschließlich Unterkunft und Verpflegung bis zu 40 DM je Tag und Teilnehmer.

2. Beihilfen für Teilnehmer der Maßnahmen (individuelle Förderung)
   – Teilnehmer an G3-Lehrgängen erhalten Beihilfen in Höhe des Unterschiedsbetrags zwischen Berufsausbildungsbeihilfe nach § 40 AFG und Unterhaltshilfe nach § 44 AFG (sofern sie diesbezügliche Ansprüche haben), ebenso den Unterschiedsbetrag zwischen Berufsausbildungsbeihilfe und Arbeitslosengeld bzw. Arbeitslosenhilfe.
   – Eine Aufstockung durch Beihilfen des Landes kommt insoweit nicht in Betracht, als andere öffentliche Stellen zur Gewährung von Leistungen verpflichtet sind (§ 37 AFG).
3. Zuschüsse an Betriebe
   – 8000 DM für Konkurslehrlinge bezogen auf eine Ausbildungszeit von drei Jahren;
   – bis zu 8000 DM für Behinderte bei einer zwei- bis dreijährigen Ausbildung;
   – bis zu 5000 DM für zusätzliche Ausbildungsplätze in strukturschwachen Gebieten für 3–3,5 Jahre Ausbildungszeit;
   – bis zu 6000 DM für weibliche Auszubildende in bestimmten handwerklichen und gewerblich-technischen Berufen;
   – bis zu 5000 DM für Aussiedler für 3–3,5 Jahre Ausbildungszeit.

g) *Antragstellung:*

1. Projektförderung
   – Anträge der Träger von den Maßnahmen Nr. 1–4 sind mit den zur Beurteilung des Vorliegens der Förderungsvoraussetzungen erforderlichen Angaben unter Beifügung eines Finanzierungsplans beim Arbeitsamt einzureichen, in dessen Bezirk die Maßnahme durchgeführt werden soll. Das Arbeitsamt leitet im Rahmen der Amtshilfe die Anträge dem zuständigen Regierungspräsidium zu mit einer Stellungnahme, die sich insbesondere auch darauf erstreckt, ob die geplante Kapazität dem voraussichtlichen Bedarf an Lehrgangs- bzw. Ausbildungsplätzen entspricht.
   – Anträge für die Maßnahmen Nr. 5–10 sind unmittelbar bei dem örtlich zuständigen Regierungspräsidium zu stellen.
   – Das Regierungspräsidium entscheidet durch Bewilligungsbescheid. Dessen Mehrfertigung ist dem Sozialministerium, der Staatsschuldenverwaltung Baden-Württemberg sowie dem zuständigen Arbeitsamt (soweit dieses eingeschaltet war) zuzuleiten.
2. Individuelle Förderung
   Anträge der Teilnehmer von Maßnahmen sind grundsätzlich beim Arbeitsamt zu stellen, in dessen Bezirk der Antragsteller wohnt. Dem Arbeitsamt, in dessen

Bezirk die Maßnahme durchgeführt wird, obliegt die Bemessung, Bewilligung und Auszahlung der Beihilfen nach Maßgabe einer mit der BA abgeschlossenen Verwaltungsvereinbarung. Die Mehrfertigung des Bewilligungsbescheids ist dem zuständigen Regierungspräsidium zuzuleiten.

3. Betriebe
   Anträge auf Gewährung von Förderungsmitteln sind in 4facher Ausfertigung beim Landesgewerbeamt Baden-Württemberg einzureichen.

h) *Verwendungsnachweis:*
   - Der Träger verpflichtet sich, die Grundsätze für die Verwendung der Zuwendungen des Landes sowie für den Nachweis und die Prüfung der Verwendung entsprechend den Verwaltungsvorschriften zu § 44 LHO schriftlich anzuerkennen.
   - Der Zuschuß oder das Darlehen werden nach anteiligem Verbrauch der Eigen- oder sonstigen Mittel des Trägers entsprechend dem nachgewiesenen Fortschritt der Arbeiten, der Zinszuschuß wird nach Vorlage der erforderlichen Zahlungsnachweise auf Anweisung der Staatsschuldenverwaltung durch die Landesoberkasse Karlsruhe ausbezahlt.
   - Das MAGS und die Regierungspräsidien sind berechtigt, die ordnungsgemäße Verwendung der gewährten Mittel beim Träger zu prüfen.
   - Der Verwendungsnachweis ist gegenüber der Staatsschuldenverwaltung zu führen.

2.3.2 Bayern

a) *Grundlagen:*
   - Richtlinien des Staatsministeriums für Arbeit und Sozialordnung über die Gewährung staatlicher Zuschüsse für Betriebe, die zusätzlich leistungsgeschwächte Jugendliche (Sonderschüler) ausbilden, vom 4. 8. 1978, Nr. II 4–5311–35/77.
   - Richtlinien der Staatsministerien für Arbeit und Sozialordnung und Wirtschaft und Verkehr über die Gewährung eines staatlichen Zuschusses für Betriebe, die im Zonenrandgebiet zusätzlich Jugendliche ausbilden, vom 5. 9. 1977, Nr. II 1 3000.11–414/77.
   - Richtlinien des Staatsministeriums für Arbeit und Sozialordnung über die Gewährung von Zuschüssen aus Landesmitteln an private und öffentliche Arbeitgeber, die schwerbehinderte Jugendliche ausbilden oder Arbeitsplätze für Schwerbehinderte bereitstellen, vom 21. 9. 1977, Nr. V 13–6960/235–31/77.
   - Richtlinien des Staatsministeriums für Wirtschaft und Verkehr zur Gewährung öffentlicher Zuschüsse zur Förderung von durch Konkurs und Betriebsstillegung betroffenen Ausbildungsverhältnissen.

b) *Finanzieller Umfang* (1977):
   - MAS-Programm 5,8 Mio.
   - MAS + MWV-Programm 6,0 Mio.
   - MAS-Programm 10,0 Mio.
   - MWV-Programm für Konkurslehrlinge (nicht bekannt).

c) *Geförderte Maßnahmen:*
   aus Programmüberschriften erkennbar.

d) *Träger/Leistungsempfänger:*
   ausschließlich Betriebe.

e) *Voraussetzungen der Förderung:*
betreffen in erster Linie Einstellungstermine und Lehrverhältnisse.

f) *Zuwendungen:*
- 5000 DM jährlich für Leistungsschwache und Sonderschüler,
- 1000 DM jährlich für Plätze im Zonenrandgebiet, höchstens jedoch 3000 DM für die gesamte Ausbildung,
- 3000 DM jährlich für Schwerbehinderte (4000 DM bei Erfüllung oder Nichtbestehen der Beschäftigungspflicht) pro Ausbildungsplatz,
- 8000–18 000 DM (je nach Behinderung) für einen Arbeitsplatz,
- 200 DM monatlich bis zur Beendigung der Ausbildung für Konkurslehrlinge.

g) *Antragstellung:*
Zuständige Stellen sind die Körperschaften oder Behörden, bei der der antragstellende Betrieb den Ausbildungsvertrag nach dem Berufsbildungsgesetz anzuzeigen hat: Handwerkskammern, Industrie- und Handelskammern; für die Ausbildung in der Landwirtschaft das Staatsministerium für Ernährung, Landwirtschaft und Forsten sowie die in der Verordnung über Zuständigkeiten für die Berufsausbildung in der Landwirtschaft vom 2.7.1974 aufgeführten Ämter und Anstalten, für die hauswirtschaftliche Ausbildung die Regierungen von Oberbayern und Mittelfranken.
Die örtliche Zuständigkeit richtet sich nach dem Sitz des Betriebes.
Die Regierung bewilligt im Rahmen der zugewiesenen Mittel den Zuschuß durch schriftlichen Bewilligungsbescheid als Projektförderung im Wege der Festbetragsfinanzierung.
Bei der Gewährung von Leistungen für Schwerbehinderte sind die Hauptfürsorgestellen der Regierungen zuständig.

h) *Bewilligungsverfahren / Verwendungsnachweis:*
Die Regierung bewilligt, im Rahmen der zugewiesenen Mittel, den Zuschuß nach Maßgabe dieser Richtlinien durch schriftlichen Zuwendungsbescheid, als Projektförderung im Wege der Festbetrag-Finanzierung.
In dem Zuwendungsbescheid ist festzulegen, daß die „Vereinfachten Bewirtschaftungsgrundsätze – VBewGr – Projektförderung“ Gegenstand des Bescheides sind, und daß der Bescheid erst wirksam wird, wenn sich der Zuwendungsempfänger mit seinem Inhalt schriftlich einverstanden erklärt.
Die Ausbildungsbetriebe fordern die bewilligten Zuschüsse jeweils einen Monat vor Ende des betreffenden Ausbildungsjahres bei der Regierung mit einem Formblatt an. Der Auszahlungsantrag gilt als Verwendungsnachweis. Die letzte Anforderung enthält eine Mitteilung über den Abschluß der Ausbildung.

Förderung von Projekten der Jugendhilfe und Jugendsozialarbeit:
Zur Förderung dieser Projekte gibt es kein offizielles Programm. Für 1978 hat allerdings das Staatsministerium für Arbeit und Sozialordnung 680 000 DM für Jugendarbeitslosenprojekte zur Verfügung gestellt. Für 1979 werden voraussichtlich nicht mehr als eine Million bewilligt.
Gefördert wurden 1978 Personal- und Sachkosten. Zu den Sachkosten zählen auch Kosten, die im Rahmen von Elternarbeit, Freizeitangeboten, Fahrtkosten usw. entstehen. Ab 1979 werden nur noch Personalkosten – diese dann bis zu 100% – gefördert.

Anträge auf Förderung können gestellt werden von:
- Landkreisen, kreisfreien Städten,
- Trägern der freien Wohlfahrt und gemeinnützigen Vereinen.

Die Förderung der Maßnahmen ist langfristig angelegt und bezieht sich insbesondere auf die sozialpädagogische Begleitung von Arbeitslosenprojekten, auf Lehrgänge und Beratungsprojekte.

Aber: „Die Mittel für 1978 sind praktisch ausgeschöpft. Dies gilt auch für die 1979 zur Verfügung stehenden Mittel, falls durch den Landtag nicht eine Erhöhung des entsprechenden Etats beschlossen wird.“[15]

Der *Bayerische Jugendring* hat für 1978 200000 DM bereitgestellt und folgende „Vorläufige Richtlinien für sozialpädagogische Maßnahmen für arbeitslose Jugendliche“ erarbeitet:

Ziel der Förderung:
Der Bayerische Jugendring fördert Projekte für jugendliche Arbeitslose in Gebieten, die einen nachweislich hohen Anteil an Jugendarbeitslosigkeit haben. Ziel dieser Projekte soll es sein, im Rahmen von sozialpädagogischen Maßnahmen jugendlichen Arbeitslosen und Ausbildungsstellensuchenden Hilfen zur Selbsthilfe zu vermitteln. Bei der Ausführung solcher Maßnahmen sind fachliche Grundsätze anzuwenden, für die der Bayerische Jugendring Empfehlungen aufstellt.

Allgemeine Voraussetzungen:
Für die Trägerschaft kommen grundsätzlich freie Träger der Jugendarbeit in Betracht. Die aus den Mitteln des Bayerischen Jugendrings geförderten Maßnahmen müssen grundsätzlich allen Jugendlichen des Einzugsgebiets offenstehen. In der Regel sollen diese Aktivitäten in Einrichtungen der Jugendarbeit untergebracht sein.

Besondere Voraussetzungen:
Jede Maßnahme soll über zwei hauptamtliche pädagogische Fachkräfte verfügen. Der Träger der Maßnahme verpflichtet sich mit der Annahme eines Zuschusses, die Mitarbeiter ausschließlich für diese Maßnahme einzusetzen. Der Träger stellt die Mitarbeiter für die vom Bayerischen Jugendring regelmäßig durchzuführenden Fachtreffen unter Fortzahlung ihrer Bezüge frei. Darüber hinaus verpflichtet sich der Träger, alle bei der Durchführung dieser Maßnahme gewonnenen Erkenntnisse und Materialien dem Bayerischen Jugendring zur Auswertung zur Verfügung zu stellen.

Gegenstand der Förderung:
Gefördert werden ausschließlich Personal- und Sachkosten im Rahmen der spezialpädagogischen Maßnahmen für jugendliche Arbeitslose und Ausbildungsplatzsuchende.

Umfang der Förderung:
Die Förderung beträgt bis zu 80% der Personalkosten für zwei hauptberuflich tätige pädagogische Mitarbeiter, wobei die Höchstgrenze für einen Mitarbeiter BAT IIa darstellt. Kosten für zusätzliche Honorarkräfte können bis zu einer Höhe von insgesamt 5000 DM jährlich bezuschußt werden.
Sachkosten (gegebenenfalls Miete, Arbeits- und Büromaterialien, Reisekosten für Mitarbeiter u. ä.) können bis zu einer Höhe von 10000 DM pro Jahr gefördert werden.

[15] Evangelische Jugendsozialarbeit Bayern e.V.: Protokoll der Tagung für Projektmitarbeiter in Grafrath v. 19./20.7.1978.

Für Einrichtungs- und Anschaffungskosten im Bürobereich kann einmalig ein Betrag bis zu 2000 DM bereitgestellt werden. Die Entscheidung über die Förderung trifft der Landesverband im Einzelfall.

Antragsverfahren:

Förderungsanträge sind dem Bayerischen Jugendring in der Regel drei Monate vor Beginn der Maßnahme vorzulegen. Den Anträgen sind beizufügen:

- ein Kosten- und Finanzierungsplan, aufgegliedert nach den zuschußfähigen Kosten,
- eine Beschreibung der Maßnahme einschließlich des Stellenplanes,
- Entwurf und Arbeitsverträge für die hauptamtlich tätigen pädagogischen Mitarbeiter,
- Angabe über die räumliche Unterbringung, ggf. Vorlage des Mietvertrags,
- Aufstellung der zu beschaffenden Einrichtungsgegenstände.

Bewilligung und Auszahlung:

Der Antragsteller erhält bei Erfüllung der notwendigen Voraussetzungen und nach entsprechender Beschlußfassung einen Bewilligungsbescheid. Die Auszahlung der Zuwendungen ist in halbjährlichen Raten und unmittelbar an den Antragsteller vorgesehen.

Verwendungsnachweis:

Über die Verwendung der Mittel ist ein sachlicher und zahlenmäßiger Nachweis zu führen. Die Einzelheiten werden dazu jeweils im Bewilligungsbescheid festgelegt.[16]

Neben den Sonderprogrammen von 1977 und den Zuschüssen zu einzelnen Projekten werden (bzw. wurden) nach dem 9-Punkte-Programm der Staatsregierung vom 4.5.1976 folgende Maßnahmen durchgeführt:

- Wirtschaftsförderung
- Erweiterung der Kapazitäten für berufliche Umschüler
- Erweiterung der Kapazitäten in Grundausbildungslehrgängen für Hauswirtschaft und in Sozialberufen
- Ausweitung der Förderung überbetrieblicher Ausbildungseinrichtungen
- Erweiterung der Aufnahmekapazität im Berufsgrundschuljahr
- Ausweitung des Ausbildungsplatzangebots der öffentlichen Hand
- Forderungen an den Bund, „ausbildungshemmende Rechtsvorschriften" zu beseitigen (Ausbildungsverordnungen, Ausbildereignungsverordnung, Jugendarbeitsschutz, Schwerbehindertengesetz)

2.3.3 Berlin

a) *Grundlagen:*

- Richtlinien des Senators für Arbeit und Soziales über die Gewährung von Zuschüssen aus Mitteln des Landes Berlin zu Leistungen der BA gemäß § 54 AFG vom 30.9.1976.
- Beschlüsse der Sonderkommission „Ausbildungsplatzsituation" (Angehörige: Spitzenvertreter der Berliner Kammern, der Arbeitgeberverbände und Gewerk-

[16] Aus: Informationsdienst des Bayerischen Jugendrings – Ämter-Info 2 – vom 21.8.1978.

schaften, der Präsident des Landesarbeitsamtes und die Senatoren für Arbeit und Soziales, für Schulwesen, für Wirtschaft, für Familie, Jugend und Sport sowie für Finanzen).

b) Finanzieller Umfang nicht bekannt.

c) *Geförderte Maßnahmen:*
   - Der Senator für Arbeit und Soziales gewährt Berliner Arbeitgebern der privaten Wirtschaft, denen die BA gemäß § 54 AFG Eingliederungsbeihilfe zur beruflichen Eingliederung von Arbeitssuchenden gewährt wird, im Rahmen verfügbarer Haushaltsmittel zusätzliche Zuschüsse für die Beschäftigung solcher Arbeitnehmer, die vorher an einer ABM teilnahmen.
   - Bereitstellung zusätzlicher Ausbildungsstellen durch das Berliner Berufsamt (1000 außerbetriebliche Ausbildungsplätze),
   - Eingliederungslehrgänge für ausländische Jugendliche,
   - AB-Maßnahmen für Jugendliche,
   - sozialpädagogische Maßnahmen im Bereich der Jugendhilfe,
   - Förderung überbetrieblicher Ausbildung.

d) *Träger/Leistungsempfänger:*
   - Betriebe;
   - weitere Informationen liegen nicht vor.

e) *Voraussetzung der Förderung:*
   - Die Gewährung von Eingliederungshilfen setzt eine Zuschußzahlung der BA in Höhe von 80% voraus.
   - Über die Voraussetzungen der weiteren Maßnahmen liegen keine Informationen vor.

f) *Zuwendungen:*
   - Der Zuschuß aus Landesmitteln beträgt 10% des tariflichen bzw. ortsüblichen Arbeitsentgelts im Sinne des § 54 und wird auf Antrag des Arbeitgebers beim zuständigen Arbeitsamt bis zur Höchstdauer von zwei Jahren gewährt, jedoch nicht länger als die gemäß § 54 AFG durch die BA bewilligten Leistungen.

g) *Antragstellung:*
   beim zuständigen Arbeitsamt.

h) *Bewilligungsverfahren/Verwendungsnachweis:*
   Die Auszahlung des Zuschusses erfolgt durch die BA in Verbindung mit den Leistungen nach § 54 AFG.

2.3.4 Bremen

a) *Grundlagen:*
   - Richtlinien des Senators für Arbeit über die Gewährung von Zuschüssen zu den Leistungen der BA gem. § 54 AFG zur Förderung der Arbeitsaufnahme aus Mitteln des Landes Bremen vom 20.1.1975.
   - Richtlinien des Senators für Arbeit über die Gewährung von Zuschüssen zu den Leistungen der BA gem. § 49 AFG aus Mitteln des Landes Bremen vom 20.1.1975.
   - Sonderprogramm der Hauptfürsorgestelle Bremen zur verstärkten Bereitstellung von Arbeits- und Ausbildungsplätzen für Schwerbehinderte.

b) Finanzieller Umfang nicht bekannt.

c) *Geförderte Maßnahmen:*
   Zuschüsse an Arbeitgeber

- Eingliederungsbeihilfe nach § 54 AFG
- Einarbeitungszuschuß nach § 49 AFG
- Zuschüsse für Arbeits- und Ausbildungsplätze für Schwerbehinderte (Fortführung der Sonderprogramme von Bund und Ländern).

d) *Träger/Leistungsempfänger:*
- Betriebe, die Jugendlichen im Rahmen der Beschäftigungsverhältnisse auch berufliche Kenntnisse und Fähigkeiten vermitteln.
- Bei den Schwerbehinderten: private und öffentliche Arbeitgeber im Land Bremen.

e) *Voraussetzung der Förderung:*
- Eingliederungshilfe: Die Jugendlichen dürfen nicht älter als 18 Jahre sein.
- Einarbeitungszuschuß: Die Arbeitssuchenden müssen
  - 45 Jahre und älter,
  - länger als ein halbes Jahr arbeitslos,
  - nicht älter als 18 Jahre sein.

f) *Zuwendungen:*
- Zuschuß in Höhe von 40% des tariflichen bzw. ortsüblichen Arbeitsentgelts i.S.d. § 54 AFG für höchstens ein Jahr,
- Zuschuß von 40% des tariflichen bzw. ortsüblichen Arbeitsentgelts bei der Einarbeitungszulage; sie stellt eine flankierende Maßnahme dar und setzt Zuschußzahlung der BA von mindestens 60% gemäß § 49 AFG voraus. Höchstdauer ½ Jahr.

g) *Antragstellung:*
Anträge können beim Arbeitsamt gestellt werden.

h) *Bewilligungsverfahren/Verwendungsnachweis:*
Die Auszahlung des Zuschusses wird von den Arbeitsämtern für den Senator für Arbeit übernommen und erfolgt in Verbindung mit den Leistungen des BA gemäß § 49 AFG.
Die für die Auszahlung des Zuschusses des Landes Bremen zur Aufstockung des von der BA gewährten Einarbeitungszuschusses erforderlichen Haushaltsmittel werden der BA zur selbständigen Bewirtschaftung zugewiesen. Einzelheiten der Anforderung, Überweisung und Rechnungslegung, regelt die mit dem LAA Niedersachsen/Bremen getroffene Verwaltungsvereinbarung.

2.3.5 Hamburg

a) *Grundlagen:*
- Richtlinien der Behörde für Schule, Jugend und Berufsbildung für die Gewährung von Zuschüssen aus Mitteln der Freien Hansestadt Hamburg für die Ausbildung von bestimmten Personengruppen vom 30.6.1977.

b) *Finanzieller Umfang:* 5 Mio. DM (1977).

c) *Geförderte Maßnahmen:*
- Zuschüsse an Betriebe, die jugendliche Behinderte ausbilden,
- Zuschüsse für Ausbildungsverträge mit Absolventen der Werkklassen 8 und 9,
- Absolventen von Förderungslehrgängen,
- Hauptschüler ohne Abschluß und Sonderschulabsolventen.

d) *Träger/Leistungsempfänger:*
ausschließlich Betriebe.

e) *Voraussetzungen der Förderung:*
- Die Ausbildungsstätte muß grundsätzlich in Hamburg liegen.
- Der Ausbildungsvertrag muß mit einer in Hamburg wohnhaften Person bis zum Alter von 18 Jahren geschlossen werden.
- Ausbildungsverträge mit Hauptschülern ohne Abschluß und Sonderschulabsolventen werden nicht gefördert, wenn die Behörde für Schule, Jugend und Berufsbildung die Aufnahme in eine Werkklasse für geboten hält.
- Behinderte im Sinne dieser Förderungsrichtlinien sind behinderte Personen, die nach Art und Schwere ihrer Behinderung zu ihrer beruflichen Eingliederung besonderer Hilfen bedürfen (Anordnung der BA über die Arbeits- und Berufsförderung Behinderter – AReha v. 30.6.1975).
- Die Berufsausbildungsverträge müssen in das Verzeichnis der Ausbildungsverhältnisse der jeweiligen zuständigen Stellen eingetragen werden.

f) *Zuwendungen:*
- 5000 DM für einen Ausbildungsvertrag mit Behinderten,
- 3000 DM für Sonder- und Hauptschüler sowie für Absolventen von Werkklassen.

Die Förderung bezieht sich auf die Gesamtdauer der Ausbildung.

g) *Antragstellung:*
Anträge sind schriftlich unter Verwendung des Antragsformulars bei der Behörde für Schule, Jugend und Berufsbildung – Amt für Berufs- und Weiterbildung – zu stellen.
Vom Antragsteller sind Nachweise darüber beizulegen, daß der Auszubildende zu dem genannten Personenkreis gehört (Entlassungszeugnisse, Teilnahmebestätigungen von Berufsvorbereitungsmaßnahmen).
Bei Behinderten ist vom Antragsteller die beabsichtigte Einstellung rechtzeitig vor Beginn der Ausbildung dem Arbeitsamt, Abteilung Berufsberatung, schriftlich bekanntzugeben.

h) *Bewilligungsverfahren/Auszahlung:*
Auf den Zuschuß besteht kein Rechtsanspruch, er wird nur im Rahmen der verfügbaren Haushaltsmittel gewährt.
Der Zuschuß wird in zwei gleichen Teilbeträgen ausgezahlt.
Der zweite Teilbetrag wird ausgezahlt, wenn der Antragsteller nach Ablauf des ersten Ausbildungsjahrs bestätigt, daß das Ausbildungsverhältnis andauert.

Neben diesen Sonderprogrammen von 1977 werden (bzw. wurden) in Hamburg folgende Maßnahmen durchgeführt[17]:
- ABM für Tätigkeiten in Verwaltungen und Betrieben,
- Gewährung von Eingliederungsbeihilfen für Jugendliche unter 20 Jahren bzw. unter 25 Jahren,
- Erweiterung der Plätze im Freiwilligen Sozialen Jahr,
- Verbesserung des Zugangs zum Erwerb des Hauptschulabschlusses in Werkklassen der Berufsschulen,
- Durchführung von Kursen zum Erwerb des Hauptschulabschlusses an der Hamburger Volkshochschule,

[17] Mitteilung des Senats an die Bürgerschaft 8/1314 v. 10.2.1976.

- teilweise Einführung des kooperativen Berufsgrundbildungsjahres in der Bauwirtschaft und der Metallindustrie,
- Erweiterung des Angebots an Schulplätzen der Handels- und Haushaltungsschulen,
- Erweiterung der Ausbildungskapazitäten in öffentlichen und staatlich beeinflußten Unternehmen.

2.3.6 Hessen

a) *Grundlagen:*
   - Richtlinien des Sozialministers über die Gewährung von Zuschüssen aus Mitteln des Landes Hessen zu den Leistungen der Bundesanstalt gemäß § 54 AFG bzw. in Einzelfällen gemäß § 49 AFG vom 14.12.1976.
   - Programm der Hessischen Landesregierung zur Hilfe bei der Unterbringung von Auszubildenden aus Konkursbetrieben (Fortführung des Sonderprogramms von 1975).

b) *Finanzieller Umfang:* 2 Mio. DM (1977).

c) *Geförderte Maßnahmen:*
   Zuschüsse an Betriebe: Eingliederungsbeihilfe und Einarbeitungszuschuß, Zuschuß zu den Ausbildungskosten für Konkurslehrlinge.

d) *Träger/Leistungsempfänger:*
   ausschließlich Betriebe.

e) *Voraussetzungen der Förderung:*
   - Die Arbeitssuchenden müssen mindestens ein halbes Jahr, aber noch nicht ein Jahr arbeitslos gemeldet sein.
   - Jugendliche (ohne Hauptschulabschluß und Sonderschüler) dürfen nicht älter als 18 Jahre sein.
   - Förderung durch die BA in Höhe von 60% des tariflichen oder ortsüblichen Entgelts gem. §§ 49 und 54 AFG.

f) *Zuwendungen:*
   - 2000 DM für Arbeitslose unabhängig vom Alter,
   - 3000 DM für arbeitslos gemeldete Jugendliche ohne HSA bzw. für Sonderschüler,
   - 60% der Ausbildungsvergütung für die ersten 6 Monate bei der Übernahme von Konkurslehrlingen.

g) *Antragstellung:*
   Der Zuschuß wird auf Antrag gewährt, der zusammen mit dem Antrag auf Leistungen nach § 54 AFG bzw. 49 AFG bei dem für den Betriebssitz zuständigen Arbeitsamt zu stellen ist. Der Antrag ist spätestens einen Monat nach dem Zeitpunkt zu stellen, zu dem der arbeitslose Arbeitnehmer eingestellt worden ist. Über Konkurslehrlinge liegen keine Informationen vor.

h) *Bewilligungsverfahren:*
   keine Informationen.

Neben dem arbeitsmarktpolitischen Programm von 1976 und dem Programm für Konkurslehrlinge läuft in Hessen seit 1.11.1977 ein Programm „Beratung und Hilfe für junge Arbeitslose“, dessen Ausschreibung kurz vorgestellt wird:

In Verbindung mit dem Bundesminister für Bildung und Wissenschaft wird in Hessen das o. g. Programm aus Bundes- und Landesmitteln gefördert und hiermit ausgeschrieben. Für die Aufnahme in das Programm sind folgende Bedingungen zu erfüllen:

1. *Zielsetzung*
   Im Rahmen des Programms sollen Hilfen für jugendliche Arbeitslose entwickelt und erprobt werden, die Aussagen darüber erlauben, unter welchen institutionellen Voraussetzungen und mit welchen Inhalten und Methoden die sozialen und individuellen Folgen der Situation der Arbeitslosigkeit junger Menschen gemildert werden können. Das Programm soll Aufschluß geben darüber:
   - welches die spezifischen Bedürfnisse und Interessen junger Arbeitsloser sind;
   - welche Fähigkeiten, Informationen und Kenntnisse ihnen vermittelt werden können, um die Situation der Arbeitslosigkeit zu bewältigen;
   - welche Arbeitsformen der Vermittlung dieser Inhalte entsprechen;
   - welche institutionellen Bedingungen den Zugang zu den Jugendlichen begünstigen;
   - welche Kooperationsnotwendigkeiten mit den verschiedenen Institutionen bestehen müssen und
   - welche Methoden notwendig sind, die Motivation zur Arbeitssuche zu erhalten bzw. zu erwecken.

   Diese Erkenntnisse und Erfahrungen sind zu dokumentieren, um sie für die Praxis der Jugendhilfe in allen Maßnahmen, Einrichtungen und Diensten zugänglich zu machen.

2. *Umfang des Programms*
   Insgesamt 25 Projekte, die sich aufteilen sollen in:
   - 12 Projekte bei Jugendämtern, Gemeinden und freien Trägern
   - 5 Projekte bei Mitgliedsverbänden des Hessischen Jugendrings
   - 8 Projekte als sozialpädagogische Begleitung von Grund- und Förderkursen.

   Bereits aus Landesmitteln geförderte Projekte werden vorrangig berücksichtigt. Eine weitere Förderung dieser Projekte außerhalb dieses Programms ist ab 1. 1. 1978 nicht mehr möglich.
   Die Projekte sollen örtlich begrenzt sein und unmittelbare Arbeit mit jugendlichen Arbeitslosen leisten.
   Eine organisatorische Verbindung mit bestehenden Einrichtungen der Jugendhilfe (z. B. kommunale Jugendbildungswerke, Häuser der offenen Tür, Jugendzentren), der Ausbau bestehender Ansätze in sozialer Gruppenarbeit oder Gemeinwesenarbeit oder die Schwerpunktbildung innerhalb des sozialen Dienstes sind erwünscht.
   Für jedes Projekt sind zwei hauptamtliche Fachkräfte einzustellen. Als Fachkräfte gelten: Sozialarbeiter, Sozialpädagogen und Lehrer.
   Die Einzelprojekte werden von den Trägern in voller rechtlicher und pädagogischer Verantwortung durchgeführt. Der Träger ist Anstellungsträger der im Projekt tätigen Mitarbeiter.

3. *Finanzierung*
   - Personalkosten werden je Fachkraft und Jahr bis zum Betrag von 33 200 DM aus Bundes- und Landesmitteln getragen. Sie beinhalten: Grundvergütung, Ortszuschlag, Stellenzulage, Sonderzuwendung (Weihnachtsgeld), Urlaubsgeld, Arbeitgeberanteil zur Sozialversicherung, Zusatzversorgung und Vermögensbildung (entspricht BAT Vb/IVb).
   - Sachkosten in Höhe von mindestens 35 000 DM je Projekt sind vom Träger aufzubringen (Arbeitsplatzkosten für die neu einzustellenden Fachkräfte, Veran-

staltungskosten, Reisekosten der Fachkräfte zu Fortbildungsveranstaltungen und Arbeitstagungen).

- Träger, die nicht in der Lage sind, die Sachkosten in Höhe von 35 000 DM aufzubringen, haben im Finanzierungsplan den Betrag anzugeben, den sie aufbringen können. Eine Begründung ist beizufügen.
- Bei Projekten kreisangehöriger Gemeinden und freier Träger wird eine Beteiligung des örtlichen öffentlichen Trägers der Jugendhilfe (Jugendamt) erwartet (Finanzierungszuschuß, fachliche und organisatorische Hilfe, Konflikthilfen bei anderen Behörden und Körperschaften, Unterstützung in der Öffentlichkeitsarbeit).

4. *Träger*
Als Träger im Rahmen dieser Ausschreibung kommen in Betracht: Jugendämter, kreisangehörige Städte und Gemeinden, freie Träger der Jugendhilfe, sonstige gemeinnützige Träger.

5. *Wissenschaftliche Begleitung*
Die wissenschaftliche Begleitung, Auswertung, Fortbildung und Dokumentation erfolgt durch eine wissenschaftliche Arbeitsgruppe beim Landesjugendamt Hessen unter Beratung eines sozial- bzw. erziehungswissenschaftlichen Instituts.
Unbeschadet der Trägervielfalt und der Trägerautonomie handelt es sich um ein Gesamtprogramm. Dies bedingt
   - eine enge Zusammenarbeit zwischen den Einzelprojekten und der wissenschaftlichen Arbeitsgruppe,
   - einen ständigen Austausch von Erfahrungen und Ergebnissen zwischen den Einzelprojekten,
   - eine ständige Mitwirkung der Einzelprojekte an der Auswertung, der Umsetzung von Erfahrungen und Zwischenergebnissen, der Formulierung sich daraus ergebender neuer Fragestellungen und der Dokumentation des Versuchsablaufs,
   - eine laufende projektbezogene Fortbildung der Fachkräfte.

6. *Lenkungsausschuß*
Beim Hessischen Sozialminister wird ein Lenkungsausschuß gebildet, dessen Aufgabe es sein wird, den Gesamtablauf zu überwachen, Fragen der Finanzierung und des Zeitplanes zu regeln, zur Koordinierung und zum Erfahrungsaustausch mit anderen, in die gleiche oder ähnliche Richtung zielenden Versuchen auch in anderen Bundesländern beizutragen.

7. *Beginn und Dauer des Programms*
Das Programm ist für die Dauer von drei Jahren angelegt. Der Beginn ist für den 1.11.1977 vorgesehen. Es endet zunächst am 31.12.1979. Über die Fortführung bis zum 31.10.1980 kann aus haushaltsrechtlichen Gründen erst später entschieden werden.

8. *Form und Fristen der Anmeldung*
Die Anmeldung ist mit anliegendem Vordruck (zweifache Ausfertigung) bis zum 15.9.1977 dem Landesjugendamt einzureichen.
Die Jugendverbände reichen die Anmeldung (dreifache Ausfertigung) bis zum 1.9.1977 beim Hessischen Jugendring ein. Der Hessische Jugendring leitet die Anmeldung mit einer Stellungnahme bis zum 15.9.1977 an das Landesjugendamt weiter.

Beispiel für die Projektanmeldung

Frankfurt am Main, den 23.5.1978

An das
Landesjugendamt Hessen
– Der Leiter der Verwaltung –
Bismarckring 9/Postfach 3926

6200 Wiesbaden

Bezug: Programmausschreibung vom 10.5.1977/LJA-III/52 j 14

Betr.: Programm „Beratung und Hilfe für junge Arbeitslose“;
hier: Projektanmeldung

Für das o. a. Programm wird das im folgenden beschriebene Einzelprojekt angemeldet:

I. *Projektträger*

1. Vorgesehener Träger:
(Jugendamt, örtlicher freier Träger, kreisangehörige Stadt/Gemeinde)

Diakonisches Werk in Hessen und Nassau

1.1. Bei öffentlichen freien Trägern:

1.1.1. Genaue Bezeichnung des Trägers:
Diakonisches Werk in Hessen und Nassau
Geschäftsstelle
Ederstraße 12, 6000 Frankfurt/Main

1.1.2. Rechtsform:
eingetragener Verein

1.1.3. Anschrift des Projekts:

Diakonisches Werk in Hessen und Nassau
Dekanatsstelle Heppenheim

II. *Projektrahmen*

2. Das Projekt soll in Verbindung mit folgender Einrichtung/Maßnahme, mit folgendem Dienst durchgeführt werden:

2.1. Bezeichnung siehe 1.1.3.

2.2. Anschrift

2.3. Vorhandenes Personal (haupt-, nebenamtlich, Qualifikationen):
Dekanatsstelle
Heppenheim:

2 Sozialarbeiter	Leitung der Dekanatstelle Beratung von jugendlichen Aussiedlern

2 Verwaltungskräfte
1 Sozialarbeiter/teilweise für Ausländerberatung
1 Sozialarbeiter/teilweise für Suchtkrankenberatung
+ ehrenamtliche Mitarbeiter

2.4. Vorhandene Räume:
Räume in der Dekanatsstelle werden für Beratungsgespräche, Gruppenarbeit zur Verfügung gestellt.
In Lampertheim werden Büro-/Beratungsräume angemietet; Gruppenräume stellt die Kirchengemeinde bzw. das Jugendzentrum zur Verfügung.

2.5. Kurzbeschreibung der Aufgaben und der Arbeitsweise der vorhandenen Einrichtung/Maßnahmen bzw. des vorhandenen Dienstes:
Dekanatsstellen des Diakonischen Werkes
allgemeine Lebensberatung,
offene Jugendhilfe, Beratung jugendlicher Aussiedler
Suchtkrankenberatung, Ausländerberatung

III. *Einzugsbereich des Projekts*

3. Als Einzugsbereich für das Projekt ist vorgesehen (Stadtteil, Stadt, Gemeinde, Kreisteil):
gesamter Kreis Lampertheim, Hüttenfeld, Hofheim, Rosengarten, Neuschloß

3.1. Warum wurde dieser Einzugsbereich ausgewählt?
(Bevölkerungs- und Beschäftigungsstruktur, Arbeitslosenzahlen, Infrastruktur)
In Lampertheim ist die höchste Arbeitslosenzahl des Kreises Bergstraße, davon 4,9% Jugendliche.
Die Jugendlichen sind sehr gefährdet, vor allem durch Drogen und Alkohol.
Lampertheim – gesehen als „Vorort“ zu den Industriebetrieben Mannheims – hat zwar kleinere Industrie am Ort, muß aber damit rechnen, daß diese keine Kapazitätserweiterungen vornimmt.

IV. *Projektkonzept*

4. Im Rahmen der Ausschreibung des Landesjugendamtes beabsichtigt der Träger, das Projekt mit der im folgenden dargestellten Konzeption durchzuführen (ggf. als Anlage beifügen)

1. *Ausgangspunkt der Konzeption*

1.1. Diese Konzeption beruht auf der bisherigen Arbeit der Dekanatsstelle Heppenheim.
Die Dekanatsstelle unterhält Einzelkontakte zu jugendlichen Arbeitslosen, die ebenfalls in einer Gruppe zusammengefaßt werden sollen.
Insbesondere Beratung und Betreuung jugendlicher Spätaussiedler wird von der Dekanatsstelle wahrgenommen. Dabei ist festzustellen, daß ein großer Teil der Mädchen nach dem Abschluß der Förderschule keine geeignete Lehr- oder Arbeitsstelle findet.
Die Kontakte zu den einzelnen Jugendlichen sollen verstärkt und dabei soll ihre Motivation unterstützt werden, eine Arbeitsstelle oder Arbeitsmöglichkeit zu finden.

1.2. Kirchengemeinde/Lukasgemeinde Lampertheim
Lampertheim gehört zum örtlichen Aufgabenbereich der Dekanatsstelle Heppenheim. In der Kirchengemeinde gibt es Initiativen, Arbeitslose in Lampertheim anzusprechen. Auffällig sind besonders jugendliche Arbeitslose, die z.T. drogenabhängig geworden sind.

2. *Zielvorstellungen*

Die Zielvorstellungen der Dekanatsstelle Heppenheim, der Kirchengemeinde Lampertheim gehen davon aus, daß die individualorientierte Sicht der einzig sachgemäße Ansatzpunkt ist, wenn sich die Diakonie engagiert, um Jugendlichen und Arbeitslosen zu helfen.
Diakonie und Kirche sehen sich durch das Problem jugendlicher Arbeitsloser herausgefordert, weil in ihrer Mitte immer mehr junge Menschen heranwachsen, die keine Perspektive für ihre berufliche Zukunft, keine Hoffnung und keinen Sinn mehr in ihrem Leben sehen.
Diese Betroffenen gilt es ernst zu nehmen, mit ihrer Mündigkeit zu rechnen und mit ihnen gemeinsam Alternativen zu wagen – auch und gerade gegen die sog. Sachzwänge oder „übergeordneten" Interessen einer immer noch letztlich kapitalorientierten Gesellschaft.
Dabei will die gesellschaftliche Diakonie, die im Sinne des Evangeliums geschieht, vor allem eine Isolierung der durch die Arbeitslosigkeit Betroffenen vermeiden. Dazu gehört auch die Tatsache, zu sehen, daß es in Zukunft weniger Arbeit geben wird.
Daß dies nicht einseitig zu Lasten einer bestimmten Menschengruppe, sondern gesamt-gesellschaftlich getragen und verteilt wird, ist ein Anliegen der Diakonie.
Weniger Arbeit bedeutet dann für alle weniger Arbeit, damit jeder sein Recht, arbeiten zu können, wahrnehmen kann.
Aus diesem Grunde ist es auch sinnvoll, Jugendliche zu befähigen, am Arbeitsprozeß teilzunehmen.
Nur auf diese Weise, als zur Arbeit Qualifizierte, können sie nicht länger als Alibi oder industrielle Reserve für die traditionelle Bewältigung des Arbeitslosenproblems benutzt werden.
Neben diesen grundsätzlichen Überlegungen legitimiert sich kirchliches Engagement für jugendliche Arbeitslose auch vom gesellschaftlichen Auftrag der Diakonie als freiem Träger der Jugendhilfe her.
Von daher wollen wir bewußt den Vorteil nutzen, als keine amtliche Behörde unbürokratische und fantasievolle Wege zu gehen sowie Zusammenhänge kritisch zu hinterfragen.
So ist die Beratung und Begleitung der jugendlichen Arbeitslosen eingebettet in das Beratungskonzept des Diakonischen Werkes, und die Mitarbeiter der Dekanatsstelle sind in der Lage, auch bei speziellen Problemen wie Suchtberatung oder Ausländerfragen, mitzuhelfen.

2.1. *Problemlage der Jugendlichen*

Im Einzugsbereich des Kreises Bergstraße und vor allem in Lampertheim sprechen wir vor allem die Jugendlichen an, die beim Übergang von der Schule zum Beruf mit besonderen Schwierigkeiten rechnen müssen.
Wir denken an Sonderschüler, Hauptschüler ohne Abschluß, jugendliche Ausländer, Spätaussiedler.
Die Jugendlichen kommen meist aus sozial schwachen Familien.
Bei der bisherigen Arbeit sind wir davon ausgegangen, daß es uns einmal um die *Verbesserung der objektiven Lage* geht durch:
- Hilfe und Beratung bei der Kontaktaufnahme mit der Arbeitsvermittlung und der Berufsberatung des Arbeitsamtes,
- Information über Arbeits- und Ausbildungsmöglichkeiten,

- Begleitung und Beratung bei Förderkursen u. ä.,
- Freizeitangebote, die eine Alternative zum kommerziellen Angebot darstellen,

und um Vermittlung *subjektiver Bewältigungsformen* durch:

- Stabilisierung der Persönlichkeit durch Entwicklung von Selbstsicherheit und positiver Selbsteinschätzung,
- Entwicklung von wirkungsvollem Problemlösungsverhalten,
- Verbesserung des Arbeitsverhaltens durch die Entwicklung erfolgreicher Arbeitstechniken und Vermittlung von Erfolgserlebnissen.

Wesentlich ist auch – und dies hat die Gruppenarbeit gezeigt –, daß die Jugendlichen die Veränderbarkeit ihrer gemeinsamen Lage durch selbstorganisiertes und solidarisches Handeln erkennen und Verhaltensweisen zur konkreten Veränderung in ihrer realen Welt aufbauen.

2.2. *Methodische Arbeit*

Die methodische Arbeit umfaßt bisher Einzelgespräche und Gruppenarbeit.

In den Einzelgesprächen wird versucht, individuelle Hilfen anzubieten, persönliche Probleme zu lösen und durch den Aufbau einer Beziehung stabilisierende Faktoren für den einzelnen zu schaffen.

Die anschließende Gruppenarbeit soll dazu führen, daß der einzelne jugendliche Arbeitslose sein Problem der Arbeitslosigkeit nicht als sein eigenes ansieht, sondern es mit anderen teilt.

Dies gemeinsame Erkennen führt zu einer Solidarisierung und damit zu einem Angehen der gesamten Probleme.

Die Motivationsbarriere gegen Arbeit und Lernen soll in der Gruppe abgebaut und damit eine Basis geschaffen werden für die Vermittlung von positivem Leistungsverhalten. Auch das Vermitteln von Realitätssinn, Planungsfähigkeit und Fähigkeit zum kontrollierten Arbeitsverhalten kann durch die Gruppenarbeit wie durch Freizeitangebote gefördert werden. Gerade das Vermitteln des Gefühls, beteiligt und integriert in eine Gruppe zu sein, soll über die vielen Frustrationserlebnisse hinweghelfen.

Im besonderen soll an die Kirchengemeinde in Lampertheim und auch an die Öffentlichkeit herangetreten werden.

Die Probleme einzelner von Arbeitslosigkeit Betroffener sollen die Gemeinde zu Aktivitäten anregen.

Lösungen individueller Art, wie gemeinsames Vorgehen, sollen mit einem Kreis aus der Kirchengemeinde besprochen und angegangen werden.

V. *Finanzierungsplan*

Ausgaben

Personalkosten 2 BAT Vb/IVb		__________
Sächliche Kosten		__________
Miete, Mietnebenkosten		__________
Sächl. Verwaltungsausgaben		__________
Reisekosten		__________
Veranstaltungskosten	voraussichtl.	__________
	Summe	__________

Einnahmen

Zuschuß Bund/Land		__________
2 Stellen BAT Vb/IVb		__________
Eigenmittel des Trägers		__________
		__________
	Summe	__________

Bei Bewilligung des Projekts wird der Träger gemäß Nr. 5.2 mit der Arbeitsgruppe beim Landesjugendamt Hessen zusammenarbeiten bzw. die Zusammenarbeit zwischen den im Projekt tätigen Mitarbeitern und der Arbeitsgruppe sichern und fördern.

2.3.7 Niedersachsen

a) *Grundlagen:*
- Beschluß des Niedersächsischen Landtages zur Durchführung eines landeseigenen Sonderprogramms – Fortsetzung des Programms 1976.
- Sonderprogramm aus Mitteln der Ausgleichsabgabe der Hauptfürsorgestelle Hannover zur verstärkten Bereitstellung von Arbeits- und Ausbildungsplätzen für Schwerbehinderte.

b) *Finanzieller Umfang:*
- Arbeitsmarkt- und bildungspolitisches Programm 25 Mio. DM (1977) Schwerbehinderten-Programm 4 Mio. DM (1977)

c) *Geförderte Maßnahmen:*
- Förderung von Ausbildungsplätzen
- Bau und Ausstattung von Ausbildungsstätten
- begleitende sozialpädagogische Maßnahmen
- Ausbau des Berufsgrundbildungsjahres
- Ausbau berufsbildender Vollzeitschulen
- Förderung von ausgewählten Einzelprojekten, z.B. zur Schaffung von Ausbildungsplätzen im Bereich der öffentlichen Hand und von betrieblichen Ausbildungsplätzen insbesondere in Ostfriesland, zur Minderung von Ausbildungs- und Beschäftigungsrisiken von Jugendlichen mit persönlichen Defiziten.
- Förderung von Ausbildungs- und Arbeitsplätzen für Schwerbehinderte.

d) *Träger/Leistungsempfänger:*
private und öffentliche Arbeitgeber beim Schwerbehindertenprogramm. Über das andere Programm liegen keine Informationen vor.

e) *Voraussetzungen der Förderung:*
keine Informationen

f) *Zuwendungen:*
keine Informationen

g) *Antragstellung und*

h) *Bewilligungsverfahren:*
Über das arbeitsmarkt- und bildungspolitische Programm liegen keine Informationen vor.
Das Sonderprogramm für Schwerbehinderte wurde durch Verwaltungsvereinbarung der BA übertragen.

2.3.8 Nordrhein-Westfalen

a) *Grundlagen:*

I Richtlinien des Ministers für Arbeit, Gesundheit und Soziales über die Gewährung von besonderen arbeitsmarktpolitischen Beschäftigungshilfen aus Mitteln des Landes Nordrhein-Westfalen für arbeitslose Jugendliche vom 28.10.1977, Nr. II C1 – 3402.1 (SMBl NW. 814)

II Richtlinien des Ministers für Wirtschaft, Mittelstand und Verkehr für die Gewährung von Zuschüssen aus Mitteln des Landes Nordrhein-Westfalen an Ausbildungsstätten, die zusätzliche Ausbildungsplätze für Jugendliche ohne Ausbildungsverhältnis bereitstellen, vom 25.2.1977, Nr. II/B3 – 32 – 01

III Richtlinien des Ministers für Wirtschaft, Mittelstand und Verkehr für die Gewährung von Ausbildungskostenzuschüssen aus den Mitteln des Landes Nordrhein-Westfalen für Ausbildungsplätze in neugegründeten Betrieben der Wirtschaft und in neugegründeten Praxen der Freien Berufe vom 21.3.1977, Nr. II/B3 – 33 – 00

IV Richtlinien des Ministers für Arbeit, Gesundheit und Soziales zur Gewährung von Zuschüssen für Maßnahmen zur Verbesserung der Beschäftigungssituation älterer, weiblicher und berufsunreifer sowie arbeitsloser jugendlicher Arbeitnehmer vom 2.8.1976, Nr. V A 3 – 5392.3

V Richtlinien des Ministers für Arbeit, Gesundheit und Soziales über die Gewährung von Zuschüssen an freie und öffentliche Träger zur Ergänzung von Arbeitsbeschaffungsmaßnahmen gem. §§ 91 bis 97 AFG für Arbeitslose bis zu 25 Jahren und schwervermittelbare Arbeitslose vom 24.3.1977, Nr. II C 1 – 3400.033

VI Sonderprogramm aus Mitteln der Ausgleichsabgabe der Hauptfürsorgestellen in Nordrhein-Westfalen zur verstärkten Bereitstellung von Arbeits- und Ausbildungsplätzen für Schwerbehinderte

VII Richtlinien des Ministers für Arbeit, Gesundheit und Soziales zur Gewährung von Zuwendungen des Landes Nordrhein-Westfalen für die Förderung flankierender Maßnahmen zur Bekämpfung der Jugendarbeitslosigkeit vom 28.6.1977, Nr. IV B 5 c – 6603.5

VIII Richtlinien des Ministers für Arbeit, Gesundheit und Soziales zur Gewährung von Zuwendungen des Landes Nordrhein-Westfalen für die Verbesserung der Beratung und Betreuung arbeitsloser Jugendlicher durch sozialpädagogische Fachkräfte vom 9.4.1976, Nr. IV B 1 c – 6603.6

IX Runderlaß des Kultusministers des Landes Nordrhein-Westfalen zur Durchführung des Berufsvorbereitungsjahrs vom 19.7.1977, Nr. III B 6.36 – 11/1 – 1526/77

b) *Finanzieller Umfang:*

I	MAGS „arbeitsmarktpolitische Beschäftigungshilfen“	50 Mio. DM (1977)
II	MWMV „zusätzliche Ausbildungs-Plätze“	19 Mio. DM (1977)
III	MWMV „Ausbildungsplätze in neugegründeten Betrieben“	
IV	MAGS „Verbesserung der Beschäftigungssituation“	keine Angaben
V	MAGS „ABM“	9 Mio. DM (1977)
VI	Hauptfürsorgestelle/Schwerbehinderte	5 Mio. DM (1977)
VII	MAGS „flankierende Maßnahmen“	20 Mio. DM (1977)
VIII	MAGS „Verbesserung der Beratung und Betreuung“	keine Angaben
IX	KM Berufsvorbereitungsjahr	keine Angaben

c) *Geförderte Maßnahmen:*

I Zuschüsse zu Lohnkosten und Ausbildungsvergütungen sowie Prämien für Ausbildungsplätze zugunsten von Arbeitnehmern und Auszubildenden unter 20 Jahren, die

- infolge Betriebsstillegungen oder -einschränkungen ihren Arbeits- oder Ausbildungsplatz verloren haben und ohne Beschäftigungshilfen voraussichtlich nicht vermittelt werden können;
- vorübergehend nicht in ein Ausbildungsverhältnis vermittelt werden können, wenn ein einjähriger Betreuungsvertrag mit der Verpflichtung des Arbeitgebers auf Abschluß eines Berufsausbildungsvertrages oder eines unbefristeten Arbeitsvertrages abgeschlossen wird;

- einen zusätzlichen Ausbildungsplatz in einem anerkannten Ausbildungsberuf erhalten.

II Zuschüsse zu den Ausbildungskosten, wenn Jugendlichen ohne Schulabschluß oder mit Sonderschulabschluß bis zum Alter von 20 Jahren ein zusätzlicher Ausbildungsplatz zur Verfügung gestellt wird.

III Prämie für die Einrichtung von Ausbildungsplätzen.

IV Zuschüsse für Lehrgänge und Informationskurse für
- junge Arbeitnehmer ohne Hauptschulabschluß bzw. ohne Berufsausbildung bis zu 20 Jahren und berufsunreife sowie arbeitslose jugendliche Arbeitnehmer bis zu 20 Jahren,
- Arbeitnehmer ab 45 Jahre,
- Frauen, die eine berufliche Neuorientierung bzw. eine Rückkehr in den Beruf wünschen,
- Behinderte.

V Ergänzende Zuschüsse für ABM der Bundesanstalt für Arbeit für Arbeitslose bis zu 25 Jahren und schwervermittelbare Arbeitslose.

VI Zuschüsse für Ausbildungsplätze bzw. Arbeitsplätze, wenn Schwerbehinderte oder gleichgestellte Jugendliche ausgebildet bzw. beschäftigt werden.

VII Zuschüsse für flankierende Maßnahmen der Jugendhilfe und Jugendsozialarbeit für Jugendliche, die von sich aus die angebotenen Hilfen nicht in Anspruch nehmen. Gefördert werden Personal- und Sachkosten für vollzeitlich beschäftigte sozialpädagogische Fachkräfte.
Förderungsfähige Maßnahmen sind:
- Bildungsveranstaltungen der Träger von Heimen der offenen Tür und von Jugendwohnheimen,
- Jugenderholungsmaßnahmen der örtlichen Träger der Jugendhilfe,
- arbeitsmotivierende Maßnahmen der Träger von Heimen der offenen Tür und von Jugendwohnheimen,
- arbeitsmotivierende Maßnahmen in Werkeinrichtungen,
- Modellmaßnahmen (Arbeitslosenprojekte),
- Herstellung und Vertrieb von Informationsmaterial.

VIII Zuschüsse zu den Personal- und Sachkosten für vollzeitlich beschäftigte sozialpädagogische Fachkräfte, die in Arbeitsamtsbezirken mit hoher Jugendarbeitslosenquote zur Beratung und Betreuung dieser Jugendlichen eingesetzt werden.

IX Seit dem Schuljahr 1977/78 müssen Jugendliche, die nach Beendigung der allgemeinen Schulpflicht kein Ausbildungsverhältnis beginnen, die Berufsschulpflicht im ersten Jahr durch den Besuch eines Vollzeitschuljahrs erfüllen. Die Klassen dieses Berufsvorbereitungsjahrs werden als Berufsschulklassen geführt. Ausnahmen bei Behinderten, bei einer gleichwertigen Berufsvorbereitung in außerschulischen Einrichtungen, wenn ein Arbeitsverhältnis begonnen wurde oder ein Lehrgang der BA bzw. ein Lehrgang, der mit öffentlichen Mitteln des Landes gefördert wird, besucht werden kann.

d) *Träger/Leistungsempfänger:*

I Arbeitgeber

II Ausbildende

III Betriebe

IV - Juristische Personen des öffentlichen Rechts
- Gemeinnützige Träger (z. B. von Berufsbildungszentren)

V Freie und öffentliche Träger

VI Betriebe

VII Freie und öffentliche Träger der Jugendhilfe und Jugendsozialarbeit

e) *Voraussetzung der Förderung:*
Die Bestimmungen der einzelnen Programme sind sehr differenziert und umfangreich. Eine übersichtliche Zusammenfassung ist im Rahmen dieser Schrift nicht möglich.
Interessierte sollten die Richtlinien beim Sozialministerium anfordern. Eine ausführliche Darstellung der Programme und Richtlinien enthält die Arbeitshilfe „Jugendberufshilfe gegen Jugendarbeitslosigkeit – Grundlage und Ausführungsbestimmungen", herausgegeben von Dr. K. H. Breuer, zu beziehen über die Heimstatthilfe im Rheinland bzw. die Heimstatthilfe in Westfalen (Anschriften in Kapitel 5).

f) *Zuwendungen:*

I
- Zuschuß zu den Lohnkosten/Ausbildungsvergütung für die Dauer von bis zu sechs Monaten in Höhe von 60% des tariflichen bzw. ortsüblichen Arbeitsentgelts/Ausbildungsvergütung am Tage der Einstellung bei Betriebsstillegungen oder -einschränkungen;
- Zuschuß zu den Lohnkosten in Höhe von 3000 DM nach Abschluß eines Betreuungsvertrages; bei Übernahme in ein Ausbildungsverhältnis weitere 8000 DM und bei Übernahme in ein unbefristetes Arbeitsverhältnis weitere 4000 DM;
- Zuschuß in Höhe von monatlich 300 DM für jeden zusätzlichen Ausbildungsplatz für die gesamte Ausbildung bis zu 3 Jahren (höchstens 10800 DM);
- Zuschuß in Höhe von monatlich 400 DM für jeden zusätzlichen Ausbildungsplatz für weibliche Auszubildende in Berufen, die weit überwiegend von männlichen Auszubildenden besetzt sind, und umgekehrt.

II Zuschuß in Höhe von 300 DM monatlich für die gesamte Ausbildungszeit von 3 Jahren.

III Einmaliger Ausbildungskostenzuschuß in Höhe von 5000 DM.

IV Zuschuß als Projektförderung bis zu 80% der zuwendungsfähigen Gesamtausgaben (Unterbringung und Verpflegung, Reisekosten für Referenten, Referentenhonorare, Honorare für die Kursleitung und die begleitende Betreuung, Gehaltskostenanteile für hauptamtliche Mitarbeiter).

V
- Zuschüsse bis zu 30% an den Gesamtkosten der ABM. Den überwiegenden Teil übernimmt die BA.
- Zuschüsse bis zu einem Betrag von 18,18 DM stündlich, 3162,62 DM monatlich oder 37951,44 DM jährlich für eine sozialpädagogische Fachkraft, die bei einer wöchentlichen Arbeitszeit von 40 Stunden bis zu 20 Jugendliche in ABM betreut;
- Zuschüsse bis zu 10% der Gesamtkosten bei der Entwicklung von Projekten, die geeignet sind, durch andere Träger durchgeführt zu werden.

VI Keine Informationen.

VII
- Zuschuß als Projektförderung für Unterkunft und Verpflegung bis zu 30 DM pro Tag und Teilnehmer bei Bildungsveranstaltungen und bei Jugenderholungsmaßnahmen bis zu 15 DM;

- Zuschüsse zu den Personalausgaben für Werkleiter bei den arbeitsmotivierenden Maßnahmen bis zu 30 000 DM jährlich; für sozialpädagogische Fachkräfte bis zu 39 500 DM jährlich (die Beträge werden für 1978 reduziert);
- Zuschüsse zu den Sachkosten bis zu 300 DM pro eingerichtetem Werkplatz;
- Zuschüsse zur Anmietung von Werkräumen bis zu 1200 DM pro Monat oder 90% der angemessenen Mietausgaben;
- Zuschüsse zur Anmietung von Werkeinrichtungsgegenständen bis zu 500 DM pro Monat oder 90% der angemessenen Mietkosten.
- Bei den Modellmaßnahmen werden bis zu 100% der als angemessen anerkannten Ausgaben bezuschußt (Personalkosten, Unterkunft und Verpflegung, Honorare, Raum- und Sachmiete, Reisekosten).
- Die Zuschüsse zu den Ausgaben zur Herstellung und zum Vertrieb von Informationsmaterial betragen bis zu 80%.

VIII Zuschüsse als Projektförderung von 44 000 DM für Personalkosten und 4500 DM für Sachkosten je Kalenderjahr und Fachkraft.

g) und h) siehe unter e)

2.3.9 Rheinland-Pfalz

a) *Grundlage:*
Richtlinien des Ministers für Wirtschaft und Verkehr für die Gewährung von Zuschüssen aus Landesmitteln an Ausbildungsbetriebe der gewerblichen Wirtschaft zur Ausbildung von Jugendlichen ohne Hauptschulabschluß und von Sonderschulabgängern vom 12.5.1977.

b) Über den finanziellen Umfang liegen keine Informationen vor.

c) *Geförderte Maßnahmen:*
Zuschüsse für Ausbildungsplätze.

d) *Träger/Leistungsempfänger:*
Ausbildungsbetriebe der gewerblichen Wirtschaft.

e) *Voraussetzung der Förderung:*
- Es muß ein Ausbildungsvertrag nach dem Berufsbildungsgesetz abgeschlossen werden.
- Die Ausbildung muß in einem anerkannten oder vergleichbaren Ausbildungsberuf erfolgen.
- Nicht gefördert werden Arbeits- und Ausbildungsplätze für Schwerbehinderte.

f) *Zuwendungen:*
Zuschuß in Höhe von 200 DM je Ausbildungsmonat und Auszubildenden für längstens 3 Jahre.

g) *Antragstellung:*
Anträge auf Gewährung von Zuschüssen sind schriftlich über die zuständige Stelle (Kammer) der Bezirksregierung zuzuleiten, die über die Anträge entscheidet. Örtlich zuständig ist die Bezirksregierung, in deren Bezirk der Antragsteller seine Ausbildungsstätte unterhält.

h) *Bewilligungsverfahren/Verwendungsnachweis:*
Die Kammer bestätigt, daß die von dem Antragsteller angegebenen Ausbildungsverhältnisse in das Verzeichnis der Berufsausbildungsverhältnisse eingetragen worden sind, und daß der Betrieb für die Ausbildung von Hauptschulabgängern ohne Abschluß und Sonderschulabgängern geeignet ist.

Die Kammer versieht den Antrag mit einer Stellungnahme und leitet ihn an die Bezirksregierung weiter. Die Bezirksregierung erteilt den Bewilligungsbescheid für die gesamte Ausbildung.
Zuschüsse werden nach Ablauf jedes Ausbildungsjahres bzw. nach Beendigung der Ausbildungsverhältnisse ausgezahlt. Sie müssen innerhalb von 3 Monaten vom Betrieb bei der Bezirksregierung angefordert werden. Dem Auszahlungsantrag muß eine Bestätigung über die Fortdauer bzw. Beendigung des Ausbildungsverhältnisses beigefügt werden.
Der Auszahlungsantrag mit Bestätigung gilt gleichzeitig als Verwendungsnachweis.

2.3.10 Saarland

a) *Grundlagen:*
Ausbildungsplatz- und Arbeitsförderungsprogramm des Saarlandes vom 20.9.1976
- Maßnahmen zur Schaffung zusätzlicher Ausbildungsplätze (1)
- Flankierende Maßnahmen im wirtschaftlichen und schulischen Bereich zur Schaffung zusätzlicher Ausbildungsplätze (2)
- Maßnahmen zur Schaffung zusätzlicher Ausbildungsplätze insbesondere für Jugendliche mit und ohne besondere Ausbildung (3)

b) *Finanzieller Umfang:*
(1) 6 Mio. (1977); für die anderen Maßnahmen liegen keine Informationen vor.

c) *Geförderte Maßnahmen:*
(1) Prämien für zusätzliche Ausbildungsplätze
(2) keine Angaben
(3) Finanzierungshilfen in Form zinsverbilligter Kredite
Eingehen von stillen Beteiligungen zur Verbesserung der Kapitalstruktur

d) *Träger/Leistungsempfänger:*
Betriebe

e) Keine Informationen.

f) *Zuwendungen:*
(1) Prämien in Höhe von rd. 40% der Ausbildungsvergütung
(2) keine Angaben
(3) keine Angaben

g) und h) Keine Informationen.

2.3.11 Schleswig-Holstein

a) *Grundlagen:*
- Programm zur Sicherung der Ausbildungschancen der Jugend mit folgenden Schwerpunkten:
  - Ausbau der berufsbildenden Schulen, insbesondere der Berufsgrundschuljahre und der Vollzeitschulplätze an den Berufsschulen für jugendliche Arbeitslose, die dort ihren Hauptschulabschluß nachholen sowie eine Befreiung vom weiteren Berufsschulbesuch erreichen können, wenn sie nicht in eine Ausbildungs-, sondern in eine Arbeitsstelle gehen;
  - Schaffung zusätzlicher überbetrieblicher Ausbildungsstätten;
  - Einrichtung berufsvorbereitender Maßnahmen des Jugendaufbauwerks Schleswig-Holstein;
  - Ausbau des Bereichs der Jugendpflege und des Ausbildungsbereichs der Landesverwaltung.

Nähere Informationen über dieses Programm liegen nicht vor.

- Richtlinien des Sozialministers des Landes Schleswig-Holstein über die Gewährung von Zuschüssen an kommunale Körperschaften für die Beschäftigung und Betreuung jüngerer längerfristig Arbeitsloser im Rahmen von Arbeitsbeschaffungsmaßnahmen gemäß §§ 91 – 97 AFG vom 30.11.1977.

b) Keine Angaben.

c) *Geförderte Maßnahmen:*
In Ergänzung des Programms zur Sicherung der Ausbildungschancen der Jugend vom 15.6.1977 werden AB-Maßnahmen mit Zuschüssen gefördert, durch die:
- Beschäftigungsmöglichkeiten geschaffen werden,
- Betreuungsmaßnahmen durchgeführt werden und
- Beratungsmaßnahmen für die nicht erfaßten jüngeren Arbeitslosen intensiviert werden.

d) *Träger/Leistungsempfänger:*
- Träger der Beschäftigungsmaßnahmen sind die Kreise, Ämter, Gemeinden und kommunalen Zweckverbände;
- Träger der Betreuungsmaßnahmen sind die Kreise und kreisfreien Städte (Jugendämter). Sie können einen Verband der freien Wohlfahrtspflege als Träger von Beratungsmaßnahmen beauftragen.

e) *Voraussetzung der Förderung:*
Für die Durchführung sind zur Unterstützung der vorhandenen Fachkräfte zusätzlich arbeitslose sozialpädagogische Fachkräfte im Rahmen einer ABM einzusetzen (1 Soz.päd. auf 25 ABM-Teilnehmer).
Mindestens im Abstand von 14 Tagen soll – möglichst an einem gleichbleibenden Werktag – eine sozial- und berufskundliche Veranstaltung durchgeführt werden.
Inhalte:
- Informationen über Fragen der sozialen Sicherung (Arbeitslosen-, Kranken- und Rentenversicherung);
- Einführung in Berufsfelder und Berufsbilder;
- Darstellung von Arbeitsplatz- und Bewerbungssituationen;
- Betriebs- und Arbeitsplatzbesichtigungen;
- Darstellung wirtschaftlicher und arbeitsmarktlicher Zusammenhänge und Abläufe;
- Vermittlung werkpraktischer Kenntnisse und Fertigkeiten.

f) *Zuwendungen:*
Die Gesamtkosten der AB-Maßnahmen setzen sich zusammen aus dem Arbeitsentgelt (einschließlich der Sozialleistungen) und den Sachkosten. Die Maßnahmen werden durch Zuschüsse an die Träger gefördert:
- Mittel der BA: Zuschüsse bis zur Höhe von 90% des Arbeitsentgelts (§ 94 AFG)
- Mittel des Landes: Zuschüsse in Höhe von 10% der Gesamtkosten
- Mittel des Trägers: Soweit durch die Zuschüsse der BA und des Landes die Sachkosten nicht abgedeckt sind, sind die Mehrkosten grundsätzlich vom Träger aufzubringen

g) *Antragstellung:*
Die Leistungen sind vom Träger mit dem Antragsvordruck der BA bei dem Arbeitsamt zu beantragen, in dessen Bezirk die Maßnahme durchgeführt werden soll. Verbände der freien Wohlfahrtspflege fügen ihrem Antrag die Auftragsbestätigung der Kreise und kreisfreien Städte bei.

Die Arbeitnehmer werden dem Träger vom zuständigen Arbeitsamt zugewiesen. Der Träger der Beschäftigungsmaßnahme meldet jede Zuweisung eines jüngeren Arbeitslosen formlos dem zuständigen Jugendamt.
Die Bewilligung und Zahlung der Mittel erfolgt durch das zuständige Arbeitsamt.

h) *Verwendungsnachweis:*
Die Verwendung der Landeszuschüsse ist im Rahmen der Gesamtabrechnung der Maßnahme dem zuständigen Arbeitsamt gegenüber nachzuweisen. Dem Sozialminister des Landes Schleswig-Holstein ist ein kurzer Bericht vorzulegen.

3
Projekte

Der dritte Teil der Arbeitshilfe möchte einige ausgewählte Projekte für Arbeitslose bzw. von Arbeitslosigkeit bedrohte Jugendliche vorstellen. Die Unterscheidung der einzelnen Projekttypen richtet sich nach den Angeboten und konzeptionellen Schwerpunkten.
Projekttypen:
- Beratungsstellen
- Projekte mit dem Schwerpunkt Beratung / Berufsorientierung / Freizeitbeschäftigung
- Projekte mit dem Schwerpunkt Arbeitsmotivation/Berufsförderung
- Selbsthilfeprojekte

Die Projekttypen werden nach folgendem Raster dargestellt:
- Schematische Darstellung (Schaubild)
- Kurzbeschreibung nach den Kriterien Zielgruppen, Zielsetzungen, Aufgaben, Angebote, Aktivitäten, organisatorische Einzelheiten
- Ausführliche (Selbst-)Darstellung eines Einzelprojekts, das dem jeweiligen Projekttyp nahekommt

Die vorgestellten Projekttypen müssen in der Praxis den jeweiligen Bedingungen und Bedürfnissen angepaßt werden. Überschneidungen und Mischformen sind denkbar.

3.1 Projekte mit den Schwerpunkten Information und Beratung

3.1.1 Informationsstellen

Solche Einrichtungen sind als Anlaufstellen für Schüler und Schulabgänger, weniger als Einrichtungen für längerfristig Arbeitslose anzusehen.
Die Tätigkeit des meist noch mit anderen Aufgaben beschäftigten Beraters beschränkt sich auf das Informieren über
- Bildungswege des allgemeinbildenden oder berufsbildenden Schulsystems,
- die Berufsausbildung im dualen System,
- Lehrgänge und Bildungsmaßnahmen der Arbeitsverwaltung,
- laufende Maßnahmen und Projekte der Jugendhilfe und Jugendsozialarbeit.

Wesentliches Merkmal der Informationsstellen ist, daß sie kaum auf persönliche Bedingungen und Problemlagen eingehen können. Sie sollten allerdings

in der Lage sein, Probleme zu erkennen und die Jugendlichen an entsprechende Einrichtungen weiterzuleiten.
Solche Stellen finden sich selten bei den Trägern der Jugendhilfe. Sie werden in der Regel von kommunalen Behörden, Gewerkschaften oder Interessenverbänden der Industrie und des Handwerks eingerichtet.
Die Öffnungszeiten beschränken sich auf wenige Stunden in der Woche. Telefonische Absprachen und Beratungsgespräche außerhalb der Öffnungszeiten sind nicht immer möglich.
Als Anlaufstelle oder Kontaktmöglichkeit im Verbund mit einem größeren Projekt für arbeitslose Jugendliche sind diese „reinen" Beratungsstellen durchaus sinnvoll. Es könnten beispielsweise mehrere solcher Anlaufpunkte in Stadtteilen mit hoher Arbeitslosenzahl eingerichtet werden und zu bestimmten Öffnungszeiten von den Projektmitarbeitern oder von freiwilligen Helfern besetzt sein.
Ziel wäre dann neben der Information die persönliche Ansprache und Motivation zur Teilnahme am Projekt.

3.1.2 Beratungsstellen

1. *Zielgruppen:* Schüler des allgemeinbildenden und des berufsbildenden Schulsystems, Schulabgänger mit und ohne Abschluß, Jungarbeiter, jugendliche Arbeitslose.
2. *Aufgaben / Tätigkeiten*
   a) Vermittlung von Information und Orientierungshilfen wie bei Typ 3.1.1
   b) Ursachenzentrierte Hilfen (Einzel-/Gruppengespräche)
      - Informationen über die Ursachen der Arbeitslosigkeit
      - Informationen über die „objektive Lage" der Betroffenen
      - Problematisierung der persönlichen Schuldzuweisung
      - Erörterung konkreter Perspektiven für die Jugendlichen (Solidarisierung, Hilfe zur Selbsthilfe)
   c) Personenzentrierte Hilfen (Einzelgespräche)
      - Beratung bei Problemen der Berufsorientierung und Berufsfindung
      - Informationen über die örtliche Arbeitsmarktlage, über das Angebot an Ausbildungsstellen, über berufsqualifizierende schulische Angebote
      - Vermittlung in Aushilfstätigkeiten
      - Hilfen beim Umgang mit Behörden, Lehrherren, Arbeitgebern
      - Hilfestellung bei der Abfassung von Schriftstücken (Formulare, Bewerbungsschreiben, Lebenslauf, Kündigung)
      - Vorbereitung auf Vorstellungsgespräche, Behördengänge (auf Wunsch Begleitung)

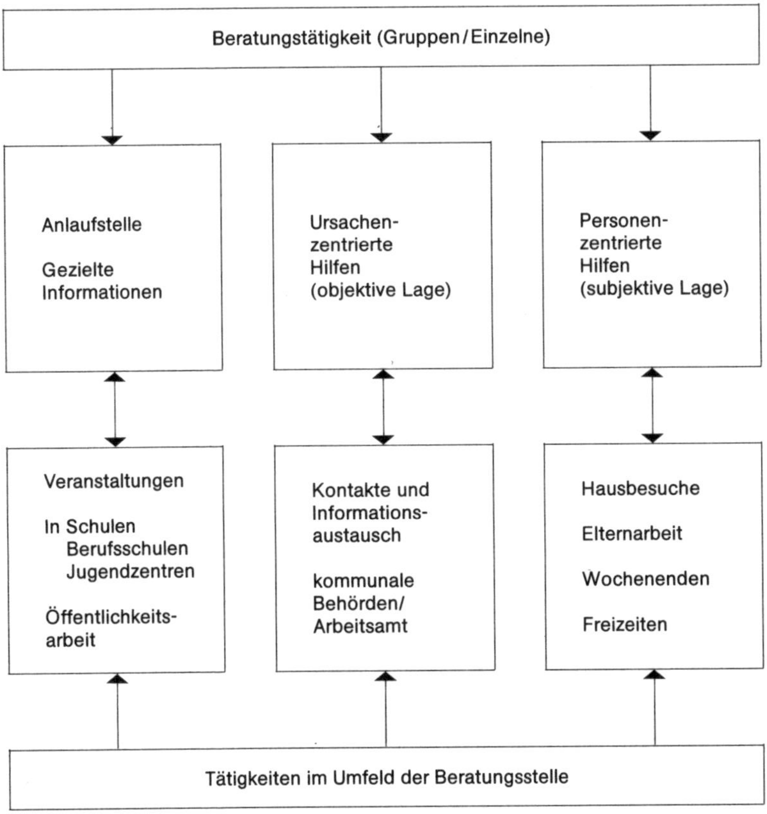

- Motivation zur Mitarbeit in Projekten
- Vermittlung an therapeutische Einrichtungen, an Fachberatungsstellen
- Beratung in akuten Konfliktsituationen: Eltern, Partner, Schule, Lehre, Beruf
- Hilfestellung bei der Beschaffung von alternativen Wohnmöglichkeiten
- Hilfen zur Freizeitgestaltung

d) Tätigkeiten im Umfeld der Beratungsstelle
- Veranstaltungen und Informationsgespräche in Schulen, Berufsschulen, in Jugendzentren, auf dem Arbeitsamt – mit dem Ziel der Information und des Hinweises auf die Angebote der Beratungsstelle
- Kontakte zu kommunalen Behörden auf- und ausbauen, Erfah-

rungs- und Informationsaustausch zur Verbesserung der eigenen Beratungs- und Vermittlungstätigkeit

- Kontakte zu Ausbildungsbetrieben, zu Unternehmern, zu Gewerkschaften, Handwerkskammern usw.
- Öffentlichkeitsarbeit
- Aktionen mit den Jugendlichen zur Verdeutlichung ihrer Lage
- Wochenendseminare, Freizeiten, Exkursionen
- Hausbesuche, Gespräche mit Eltern, mit den Ausbildern, mit Freunden und Kontaktpersonen der Jugendlichen im Stadtteil

3. *Organisatorische Einzelheiten*
   - Räume: zwei Räume mit leichtem Zugang (Schwellenangst), Büro mit Telefon, eventuell Kochgelegenheit, einladender Beratungsraum, in dem auch Gruppenarbeit möglich ist.
   - Lage: zentrale Lage (Stadtmitte), in Stadtteilen an Orten mit Treffpunktcharakter (in der Nähe von Jugendzentren, Kinos, Kneipen, Diskotheken).
   - Personal: mindestens ein hauptamtlicher Mitarbeiter (besser zwei), je nach Angebot und Anzahl der zu betreuenden Jugendlichen zusätzliche Fachkräfte (Sozialpädagogen, Psychologen) auf Honorarbasis.
   - Öffnungszeiten: regelmäßig, am besten nachmittags und abends, die Möglichkeit der terminlichen Absprache außerhalb der Öffnungszeiten sollte gegeben sein.

Es ist vorteilhaft, die Beratungsstelle an ein größeres Projekt anzubinden, vor allem, wenn flächendeckend gearbeitet werden soll.

Beispiel:

Werbeflugblatt des Infozentrums

Infozentrum für jugendliche Arbeitslose

Was tun, wenn man keine Lehrstelle kriegt oder arbeitslos wird?

Seit Herbst 1976 gibt's in Nürnberg eine Stelle, die arbeitslose Jugendliche (bis 25 Jahre) berät, informiert und ihnen hilft, soweit dies möglich ist.
Jeder kann zu uns kommen, der

- wissen will, welche Möglichkeiten überhaupt noch bestehen, wenn er keine Ausbildungs- oder Arbeitsstelle gefunden hat: wir geben ihm Tips und Adressen
- wissen will, welche Möglichkeiten es gibt, um auf der Schule weiterzumachen, und welche finanzielle Unterstützung es hierfür gibt
- wissen will, wie man durch den Ämterdschungel durchkommt und welche Rechte man den städtischen und staatlichen Stellen gegenüber hat:
  wir helfen beim Ausfüllen von Anträgen und beim Umgang mit dem Sozialamt, Jugendamt, Arbeitsamt...
- nicht weiß, was er mit seiner Zeit machen soll, und nicht versauern will:
  wir kennen viele arbeitslose Jugendliche und die Stellen, wo sie sich treffen. Ab und zu veranstalten wir für sie kostenlose (oder aber sehr billige) Wochenendseminare, Freizeiten, Fahrten. Außerdem gibt's den Arbeitslosenpaß bei uns: mit ihm kann man sehr billig, teilweise sogar kostenlos ins Kino, Theater, Bildungszentrum und in Ausstellungen, Museen, Bäder und in den Tiergarten
- persönlich nicht zurechtkommt mit Eltern, Chef, Lehrer, Heimleiter...:
  wir können uns gemeinsam in einem Gespräch überlegen, was man tun könnte
- noch in die Schule geht, kurz vor dem Abschluß steht und nicht weiß, wie es weitergehen soll: wir informieren ihn

Geöffnet haben wir: jeden Dienstag 10 – 12 Uhr
jeden Mittwoch 10 – 12 Uhr und 13 – 15 Uhr.
Wenn's dringend ist, kann man auch anrufen bei uns: 162282 und mit uns am Telefon reden oder aber einen Treff mit uns ausmachen.
Wir sind zu finden: Mauthalle, Hallplatz 2, Zimmer 308
Infozentrum für jugendliche Arbeitslose der Stadt Nürnberg, Mauthalle, Hallplatz 2, Zimmer 308, Telefon 162282

Stadt Nürnberg: Infozentrum für arbeitslose Jugendliche

1. Träger

Stadt Nürnberg, Amt für kulturelle Freizeitgestaltung, Infozentrum für arbeitslose Jugendliche, Mauthalle, 8500 Nürnberg, Tel. 0911/162282

2. Zielgruppenbeschreibung

Jugendliche Arbeitslose (bis 25 Jahre) und potentielle arbeitslose Jugendliche (Schulabgänger)

3. Ziel der Maßnahme

Für die Beratungsstelle wurden folgende Aufgaben vorgegeben:

- Als Informationshintergrund für die Arbeit mit jugendlichen Arbeitslosen eine Analyse der „Jugendarbeitslosenszene" in Nürnberg zu erstellen,
- die vielen Einzelerfahrungen, die bei den verschiedenen Stellen isoliert vorliegen, abzurufen, zusammenzufassen, adressatengerecht aufzuarbeiten und an alle interessierten Stellen weiterzuleiten,
- eine Kooperation der Einrichtungen, die mit jugendlichen Arbeitslosen zu tun haben, anzustreben und zu versuchen, die „Dienstleistungseinrichtungen" für die betroffenen Jugendlichen zu erschließen (z. B. Theater, Fachleute für Videoarbeit, Beratungen, Führungen),
- den Jugendlichen und den Jugendfreizeiteinrichtungen durch Vermittlung von Beratungsdiensten und persönlicher Beratung bei der Bewältigung ihrer Probleme zu helfen.

Die Arbeit mit jugendlichen Arbeitslosen ist ein Teil des Jugendfreizeitbereichs. Für diesen Bereich sind aus dem Bildungsgesamtplan und dem Jugendwohlfahrtsgesetz folgende Ziele abzuleiten:
Durch die Arbeit im Jugendfreizeitbereich soll ein Beitrag geleistet werden, der den Jugendlichen hilft:

a) sich selbst zu erkennen und zu verstehen
b) andere Menschen kennen- und verstehen zu lernen
c) ihren Standort in der Gesellschaft zu erkennen
d) eigene Gestaltungs- und Veränderungsmöglichkeiten wahrzunehmen (privat, beruflich, politisch etc.)
e) Verantwortung für andere zu tragen und mit anderen zusammenzuarbeiten
f) Konflikte rational zu lösen
g) sich selbst Ziele zu setzen
h) Freude am eigenen Handeln zu gewinnen (selbst sprechen, erkunden, experimentieren, Situationen realisieren, gestalten etc.)
i) zu differenzierter Wahrnehmung und Beurteilung künstlerischer oder ästhetischer Erscheinungsformen zu gelangen
j) für selbstschöpferische Tätigkeiten entsprechend ihren Begabungen und Neigungen fähig zu werden.

Eine Richtschnur für die Arbeit mit Jugendlichen soll der Aufbau eines stabilen Selbstbewußtseins sein, das nicht auf persönliche Macht, sondern eher auf Leistungen im Sinne der genannten Ziele gegründet ist.
Aus diesen vorgegebenen Zielsetzungen ergibt sich für uns die Notwendigkeit, jugendlichen Arbeitslosen in verschiedener Weise beratend und unterstützend zur Seite zu stehen.
Im einzelnen ergeben sich daraus folgende Aufgabenbereiche:

a) Einzelfallberatung
Sie soll die Funktion einer direkten Orientierungshilfe für die Jugendlichen haben. In einem Papier des Kulturreferats heißt es hierzu: „Handlungsbezogener Erwerb von Kenntnissen, die im Zusammenhang mit der augenblicklichen Situation wünschenswert sind, wie über

- Möglichkeiten, die man als Arbeitsloser hat
- Möglichkeiten der beruflichen Bildung
- berufliche Wunschvorstellungen und Arbeitsmarktlage
- Umgang mit Behörden
- sozialpsychologische Zusammenhänge
- Freizeitmöglichkeiten."

b) Freizeitangebot
„Anregung, Beratung und Hilfen bei der Freizeitgestaltung" wird in dem Kulturreferatspapier als ein Teilziel unserer Arbeit vorgegeben. Dies läßt sich realisieren zum einen durch eigene Freizeitangebote, zum anderen, daß wir Dienstleistungen im Freizeitbereich vermitteln, z. B. durch einen „Arbeitslosen-Paß", der zum verbilligten Eintritt zu kulturellen und sportlichen Veranstaltungen berechtigt (s. Anlage), die Herausgabe eines „Freizeitwegweisers" als Broschüre, der alle Freizeitmöglichkeiten, alle Verbilligungen und einen ständigen Terminkalender beinhaltet.

c) Unterstützung der sich selbst organisierenden arbeitslosen Jugendlichen. Ziel ist eine „Stabilisierung des Selbstwertgefühls und die Verhinderung von Resignation". Wir können eine Kontaktstelle zwischen jugendlichen Arbeitslosen und öffentlichen/privaten Stellen sein. Weiterhin bietet sich die Mitarbeit unserer Stelle an einem Zeitungsprojekt der Arbeitslosen-Initiative an.

d) Aufklärung der jugendlichen Arbeitslosen über objektive gesellschaftspolitische Hintergründe der Jugendarbeitslosigkeit
Diese Aufgabe hat den Sinn, den Jugendlichen ihre individuell unzureichende Situation auf dem Hintergrund gesellschaftspolitischen Wissens begreifbar zu machen und ihnen gedankliche Orientierungshilfen zum Verstehen ihrer Situation zu geben. Diese Aufklärung muß im Rahmen der politischen Bildung zunächst konzeptionell erarbeitet und dann durchgeführt werden.

4. Beschreibung der Maßnahme

Entstehung des Infozentrums:
Mitte Juni 1976 kündigte der Oberbürgermeister der Stadt Nürnberg die Einrichtung einer „Koordinations-, Informations- und Beratungsstelle für jugendliche Arbeitslose" an. Diese Stelle wurde auf Anregung verschiedener staatlicher und öffentlicher Institutionen (Arbeitsamt, DGB, Jugendzentrum, Schul- und Kulturreferat der Stadt etc.) gebildet.
Ein vom Oberbürgermeister eingerichteter Arbeitskreis des Wirtschafts-, Kultur-

und Sozialbeirats, der sich aus Mitarbeitern der Jugendverbände, der Kammern, der Gewerkschaften, der Arbeitsverwaltung und der Schulverwaltung zusammensetzt und mit der Erörterung von Problemen der Jugendarbeitslosigkeit befaßt ist, befürwortete die Einrichtung einer solchen Stelle.

Anlaufphase: Mitte Juli 1976 wurde der erste Mitarbeiter eingestellt, der in einem Raum in der Mauthalle die Arbeit aufnahm. Bis Mitte August war das aus zwei Diplom-Sozialwirten, einem Diplom-Handelslehrer und einer Sekretärin bestehende Team vollständig.

Die ersten Schritte bestanden darin, die technisch-organisatorischen Voraussetzungen für eine funktionsfähige Arbeitsweise zu schaffen. Daneben wurden erste Kontakte zu lokalen Institutionen aufgenommen, die ebenfalls mit der Jugendarbeitslosigkeit zu tun haben, um ihnen das Zentrum vorzustellen und die Funktion der jeweiligen Stelle kennenzulernen.

Beschreibung der Tätigkeit des Infozentrums:

a) Beratung

Die häufigsten Gesprächsinhalte beziehen sich unter anderem auf folgende Punkte:

- Aufzeigen schulischer und beruflicher Weiterqualifizierungsmöglichkeiten
- Gespräche mit straffällig gewordenen Jugendlichen (Arbeits- und Wohnmöglichkeiten)
- Gespräche mit ausländischen Jugendlichen (Arbeitserlaubnis, Aufenthaltsgenehmigung)
- Gespräche mit Jugendlichen, die psychische Schwierigkeiten haben (Möglichkeiten der psychologisch-psychotherapeutischen Beratung und Behandlung)
- Hilfestellung beim Umgang mit Behörden und der Kontaktaufnahme mit ihnen sowie Aufzeigen sonstiger für die Jugendlichen relevanter Amtswege
- für einzelne Jugendliche konnten im Rahmen einer Arbeitsbeschaffungsmaßnahme bei der Stadt Nürnberg Beschäftigungsmöglichkeiten geschaffen werden.

b) Öffentlichkeitsarbeit

Plakatwerbung, Flugblätter, Info-Broschüren, eigenes Publikationsorgan „Mitteilungen" für Multiplikatoren, Informationsarbeit mit Fernsehen, Funk und der lokalen Presse, Zusammenarbeit mit der Fachpresse.

c) Kooperation

Zusammenarbeit und organisatorische Hilfestellung für die „Arbeitslosen-Initiative" Nürnberg (Selbsthilfegruppen von Jugendlichen), Kontakte und Kooperation mit Einrichtungen, in denen sich jugendliche Arbeitslose aufhalten und betreut werden (z.B. in Freizeitheimen, Drogenberatungsstelle, Familienfürsorge, Jugendamt, Gesundheitsamt, Evangelische Industriejugend),

Mitarbeit im Arbeitskreis „Ausländer-Jugendliche in Nürnberg", der vom Jugendzentrum für politische Bildung eingerichtet wurde, Kontakte und Informationsaustausch mit Institutionen, die direkt oder indirekt mit den Problemen der Jugendar-

beitslosigkeit auf lokaler, regionaler und bundesweiter Ebene beschäftigt sind (Behörden, Landeskriminalämter, Bundeskriminalamt, Kirchen, Landes- und Bundesjugendring, Bundesministerium, Landesministerien, freie Träger: Arbeiterwohlfahrt, Gewerkschaften, Universitäten usw.),
Versuche der Zusammenarbeit mit Pfarrämtern, welche über ihre Jugendarbeit in bestimmten Stadtteilen mit jugendlichen Arbeitslosen zu tun haben, Kontakte mit Lehrern an Berufs- und Hauptschulen, damit ein gegenseitiger Informationsfluß entsteht.

d) Veranstaltungen
- Durchführung eines Eltern- und Schülerabends über Jugendarbeitslosigkeit für eine Entlaßklasse an einer Nürnberger Hauptschule (zusammen mit dem Jugendzentrum für politische Bildung).
- Ende Januar 1977 wurde in Zusammenarbeit mit dem Kreisjugendring und dem Jugendzentrum für politische Bildung ein Wochenendseminar für Arbeitslosenselbsthilfe-Gruppen aus dem gesamten Bundesgebiet organisiert, an dem 14 Gruppen teilnahmen.
- Aufklärungsarbeit bei einer Tagung über Jugendarbeitslosigkeit, die von der „Aktion Jugendschutz" im März 1977 in Nürnberg durchgeführt wurde.
- 2 Abendveranstaltungen über „Jugendarbeitslosigkeit in Nürnberg" für die interessierte Öffentlichkeit (in Zusammenarbeit mit dem Jugendzentrum für politische Bildung).
- Öffentliche Filmveranstaltungen über Jugendarbeitslosigkeit für Multiplikatoren (in Zusammenarbeit mit der „Filmfabrik" KOMM).

e) Freizeitangebote
- Ausgabe des „Arbeitslosenpasses" (verbilligte bzw. kostenlose Freizeitangebote)
- einwöchiger Berlin-Besuch für 20 jugendliche Arbeitslose (in Zusammenarbeit mit dem Stadtjugendamt)
- einwöchige Maßnahme zur politischen Bildung für 30 jugendliche Arbeitslose auf der Burg Feuerstein (in Zusammenarbeit mit dem Jugendzentrum für politische Bildung und der IG Metall)

f) Wissenschaftlich-analytische Arbeit
Aufbau einer Präsenzbibliothek mit neuester Literatur zur Jugendarbeitslosigkeit, Anlage eines Zeitungs- und Zeitschriftenarchivs, Kontakte und Info-Austausch mit wissenschaftlichen Einrichtungen, Vorbereitung eigener Analysetätigkeit, Teilnahme an wissenschaftlichen Tagungen (Loccum, Tutzing), Kontakt zum Institut für Arbeitsmarkt- und Berufsforschung der Bundesanstalt für Arbeit.

g) Arbeitslosen-Projekt
In Zusammenarbeit mit dem Bayerischen Ministerium für Arbeit und Soziales und dem Arbeitsamt Nürnberg soll am 1. Sept. 1978 ein Projekt für 40 berufsschulpflichtige Sonder- und Hauptschüler beginnen. Für die Dauer von mindestens ei-

nem Jahr können die Jugendlichen an dem Projekt teilnehmen. Es ist eine Mischung von Berufstätigkeit (3 Tage/Woche), Berufsvorbereitung (1 Tag/Woche) und sozialpädagogischer Betreuung (1 Tag/Woche). Die Jugendlichen erhalten eine Vergütung in der Höhe eines Hilfsarbeiter-Lohnes. In dem Nicht-Arbeitsbereich soll von einem erfahrungsbezogenen Ansatz von Jugendbildungsarbeit ausgegangen werden.

- Informationsveranstaltungen mit Schülern, Eltern und Lehrern der Sonderschule Gebersdorf und Mitarbeitern des Freizeitheimes Gebersdorf
- Aufbau einer regelmäßigen Beratungstätigkeit in den Berufsschulen
- Einzelbefragung von jugendlichen Arbeitslosen über die Auswirkungen der Arbeitslosigkeit
- Informationsveranstaltungen über Jugendarbeitslosigkeit für interessierte städtische Bedienstete
- verstärkter Kontakt zu den Nürnberger Freizeiteinrichtungen
- Vorbereitung einer deutsch-französischen Studienfahrt für arbeitslose Jugendliche nach Korsika (in Zusammenarbeit mit dem Deutsch-Französischen Jugendwerk)
- Vorbereitung einer deutsch-griechischen Studienfahrt für jugendliche Arbeitslose nach Nordgriechenland (in Zusammenarbeit mit der Evangelischen Industriejugend)
- gründliche Durchleuchtung und Darstellung der Arbeitsmarkt- und Ausbildungssituation für Jugendliche in Nürnberg
- Herausgabe einer Broschüre „Elterninformation zur Jugendarbeitslosigkeit“ für Eltern von Schulabgängern
- Herausgabe der „Mitteilungen“, die Multiplikatoren informieren sollen über die neueste lokale Entwicklung der Jugendarbeitslosigkeit und über die Tätigkeit des Info-Zentrums
- Veranstaltungen mit verschiedenen Pfarrämtern, welche über den Konfirmandenunterricht Veranstaltungen über Jugendarbeitslosigkeit durchführen möchten
- Elternversammlung in Stadtteilen von Nürnberg
- Erstellung einer Information über Bildungsmöglichkeiten von Haupt- und Sonderschülern
- Erstellung einer Broschüre über das Verhältnis von Arbeitsmarktsituation und Schülerzahlenentwicklung in Nürnberg
- weitere Veranstaltungen mit Dozenten der Fachoberschule für Sozialwesen über Jugendarbeit unter besonderer Berücksichtigung der Arbeit des Info-Zentrums.

»Arbeitslosenpaß« des Infozentrums

Ausweis

für freien/ermäßigten Eintritt zu kulturellen und anderen Freizeiteinrichtungen (auf Rückseite vermerkt)

Name

Vorname

geboren

Wohnung

Lichtbild

– Ausweis ist nicht übertragbar –

Gültig für

Monat	Monat
Monat	Monat
Monat	Monat

Herausgegeben vom Schul- und Kulturreferat der Stadt Nürnberg durch das Infozentrum für jugendliche Arbeitslose, Nürnberg, Mauthalle, Tel. 16-22 82

Dieser Ausweis berechtigt den Inhaber zum freien bzw. ermäßigten Eintritt u. a. folgender Einrichtungen:

Freibad West

Naturgartenbad

Stadionbad

Langwasser-Bad

Volksbad

Südbad

Hallenbad Altenfurt

Burg

Germanisches Nationalmuseum

Kunsthalle

Verkehrsmuseum

Spielzeugmuseum

Dürer-Haus

Fembo-Haus

Tucherschlößchen

Lochgefängnisse

Gewerbemuseum

Naturhistorische Gesellschaft, Luitpoldhaus

Freilandaquarium Stein b. Nürnberg

Tiergarten

Kino Meisengeige

Städt. Bühnen

Bildungszentrum

3.2 Projekte mit den Schwerpunkten Beratung, Berufsorientierung, Freizeitgestaltung („Jugendläden")

1. *Zielgruppen:*
   Wie bei 3.1.2. Wichtig ist, daß nicht nur unmittelbar von Arbeitslosigkeit betroffene Jugendliche sondern auch Schüler, Lehrlinge und Jungarbeiter einbezogen werden.

Beratungs- stelle nach 3.1.2	Teestube Cafeteria	Küche	Werk- und Bastel- räume Labors	Werkhof Garage	Trödelladen
gezielte Information Beratung u. Vermittlung Kontakte Veranstal- tungen Öffentlich- keitsarbeit	Treffpunkt Musik/Spiele Unterhaltung	Werkpraktische Angebote für Einzelne und Neigungsgruppen: Basteln, Umgang mit Materialien, Werkzeugen, Maschinen Herstellen von Gegenständen für den eigenen Gebrauch oder zum Verkaufen Reparatur und Pflege von Fahrzeugen Aufarbeiten von Möbeln/Trödel/Verkauf			
Einzelgespräche / Gruppenarbeit / Motivierung / Anleitung / Betreuung / Hilfen					

2. *Aufgaben/Tätigkeiten*
   a) Information, Beratung und Hilfestellung zu festen Zeiten, Tätigkeiten im Umfeld des Projekts, Öffentlichkeitsarbeit, Freizeiten usw. nach der Konzeption einer Beratungsstelle.
   b) Als zusätzliche Schwerpunkte können je nach räumlicher und personeller Ausstattung verschiedene Freizeitangebote hinzukommen. Diese wirken zunächst kontaktfördernd und motivierend und schaffen oftmals erst die Voraussetzung für Beratungsgespräche.
   Während solcher Freizeitaktivitäten können bei entsprechender fachlicher und werkpraktischer Anleitung erste Kenntnisse über Materialien und Bearbeitungsverfahren, in Ansätzen sicher auch theoretische Grundlagen vermittelt werden.
   Neben dem Angebot von mehr oder weniger freiwilligen Einzelaktivitäten sollten regelmäßig Arbeitsgruppen oder Kurse initiiert werden, die sich über einen längeren Zeitraum hinweg intensiver mit bestimmten Themen, Werkstoffen, Werkzeugen, Bearbeitungsverfahren usw. beschäftigen. Schwerpunkt sollte dabei nicht nur die Vermittlung von Kenntnissen, sondern vor allem die Verbesserung der Motivationslage und die Stabilisierung der Persönlichkeit der einzelnen Jugendlichen sein. Wichtig ist dabei, daß die angebotenen Kurse oder Einzelaktivitäten von den Jugendlichen als sinnvoll empfunden werden.
   Einzelangebote:
   – Cafeteria als Anlaufpunkt, Treffpunkt für erste Kontakte. Für ge-

zielte Informationen sollten Broschüren ausliegen, ergänzt durch Wandzeitungen, „Job-Börse" u.ä.,
Discoparties, Spiele, Theater, abendliche Treffs für ältere Jugendliche zur Unterhaltung, auch Treffen mit den Eltern sollten möglich sein,

- Küche oder Kochgelegenheit für den Cafeteria-Betrieb, aber auch für gezielte Aktivitäten einzelner oder Gruppen,
- Werkräume zum Basteln, neben Materialien (Holz, Metall, Farben, elektronische Bauteile) sind Werkzeuge, Werkbänke und (gebrauchte) Maschinen notwendig. Zusätzliche Anschaffungen (Fotolabor, Filmkamera, Videoanlage) begünstigen das Entstehen von Neigungsgruppen,
- Werkhof mit Garage für die Pflege und Reparatur von Fahrzeugen,
- Verkaufs-Ausstellungsraum, „second-hand-shop", Trödelecke zum Aufstellen und Verkaufen von Selbstgefertigtem und Aufgebessertem.

Neigungsgruppen: Kochen, Nähen, Basteln, Reparieren, Musik, Spiele, Theater, Foto, Film, Medien/Öffentlichkeitsarbeit (Infozeitung, Ladenzeitung), Mädchen-Frauen-Gruppe.

3. *Organisatorische Einzelheiten*
   - Räume: mehrere Räume, abhängig vom Angebot;
     besonders geeignet sind Ladengeschäfte mit Wohnung, ehemalige Handwerksbetriebe mit Wohn- und Nebenräumen u. U. auch eine 3- bis 4-Zimmer-Wohnung im Erdgeschoß.
     Büro, Beratungsraum, Küche, weiterer Raum für Cafeteria und Trödelverkauf (Laden bietet sich an), Werkräume, Lager, Keller, Hinterhof mit Garage.
   - Personal: zwei hauptamtliche Mitarbeiter und Honorarkräfte wie bei 3.1.2, zusätzlich Mitarbeiter mit handwerklichen Qualifikationen, möglich ist die Einbeziehung von Praktikanten, Zivildienstleistenden, als Mitarbeiter in Arbeitsgruppen können sicher auch arbeitslose Jugendliche mit abgeschlossener Berufsausbildung gewonnen werden.

Beispiel: „Projekt Jugendladen"

Träger: Diakonisches Werk Hagen

1. *Umfang der Jugendarbeitslosigkeit in Hagen*

Im Bereich Hauptamt des Arbeitsamtes Hagen waren (Sept. 77) 390 Arbeitslose unter 20 Jahren gemeldet. Erfahrungsgemäß kommt eine Dunkelziffer hinzu. Durch die Einrichtung von Berufsvorbereitungsklassen an den Berufsschulen werden ca. weitere 200 Jugendliche statistisch nicht als Arbeitslose erfaßt. Hinzu gehören u. E. eine nicht bekannte Anzahl von Jugendlichen, die sich in der Berufsberatung als Suchende gemeldet haben und bisher nicht vermittelt werden konnten.

2. *Wie stellt sich das Problem für die Jugendlichen dar?*
Die Arbeitslosigkeit verursacht gerade bei Jugendlichen:
- keine finanzielle Absicherung mit erhöhter Abhängigkeit vom Elternhaus
- keine Aussicht, diesen Notstand in absehbarer Zeit zu beheben
- keine Qualifizierung der Arbeitskraft
- Reduzierung des Selbstwertgefühls
- Verkleinerung des sozialen Bezugsfelds
- aufgrund von Konflikten möglicher Verlust familiärer Bindungen
- mögliche Flucht in Alkoholismus
- mögliche Jugendkriminalität

Viele dieser Faktoren bedingen einander und ergeben teilweise Kreisläufe, aus denen die Jugendlichen aus eigener Kraft nicht herauskommen können.

3. *Entwicklung der Arbeit mit jugendlichen Arbeitslosen*
- 1975/76 Gruppenarbeit mit jugendlichen Arbeitslosen im sozialen Brennpunkt Hagen-Kabel (Ausbau der Kellerräume, Seminararbeit, Ferienspiele).
- 1. Planstelle ab April 1976 durch das DW i. W. Münster, Weiterentwicklung des Stadtteilkonzepts, Gruppenarbeit, Beratung.
- Herbst 1977 Übernahme der Planstelle und zwei zusätzliche Mitarbeiter durch das MAGS-Programm, Suche nach neuen Standorten.
- Kriterien: überdurchschnittlich hohe Zahl von Jugendlichen, Problembereiche, sozialer Wohnungsbau, soziale Unterversorgung der Stadtteile. Aufgrund dieser gemeinsamen Kriterien müßte in den Stadtteilen Hagen Nord und Haspe/Westerbauer die höchste Anzahl jugendlicher Arbeitsloser wohnen.

4. *Konzept des stadtteilorientierten Ansatzes*
Unsere bisherigen Erfahrungen mit jugendlichen Arbeitslosen haben gezeigt, daß eine kontinuierliche Arbeit und ein Erfolg nur möglich sind, wenn die Jugendlichen nicht aus ihrem normalen Bezugsrahmen (Lebensbereich) herausgerissen werden. Die prägende und bestimmende Funktion der Beziehungen zum Elternhaus, zu Freunden und der Wohngegend auf die Verhaltensweisen der Jugendlichen müssen direkt in das Arbeitsfeld örtlich mit einbezogen werden können.
Das bedeutet eine Konzipierung der Arbeit auf folgende Zielgruppen:
- Schüler der Entlaßjahrgänge der Schulen (Haupt- und Sonderschüler)
- jugendliche Arbeitslose mit Ausbildung
- jugendliche Arbeitslose ohne Ausbildung

5. *Inhaltliche Zielvorstellungen*
Im Rahmen des Programms zur Bekämpfung der Jugendarbeitslosigkeit ist es uns nicht möglich, den Jugendlichen eine Ausbildung oder einen Arbeitsplatz zu vermitteln; aber in Zusammenarbeit mit den Jugendlichen durch konkrete Arbeitsvollzüge sehen wir die Möglichkeit, folgende Zielsetzung durch Befähigung zu verwirklichen:
- zur selbständigen Arbeitsplatzsuche (Entscheidungshilfen)
- zur Verbesserung der eigenen Qualifikation (z. B. Qualifikation am Arbeitsplatz, Fortbildung, Nachholen des Hauptschulabschlusses, der Besuch von Förderkursen)
- sich auch in anderen Gruppen zu engagieren (im Betrieb, in der Freizeit)
- persönliche Konflikte besser zu bewältigen, sich mit dem Problem auseinanderzusetzen, Helfer zu suchen und nicht zu fliehen
- Steigerung des Selbstwertgefühls (Arbeitslosigkeit nicht unbedingt als persönliches Versagen anzusehen)
- Ausdauer in einem Arbeitsprozeß zu entwickeln

6. *Angebote*
Das Programm gliedert sich in praktische und theoretische Arbeitseinheiten auf:

Kurse mit festem Teilnehmerkreis

Arbeitsbeschaffungsmaßnahmen, z. B. Renovierung des Gebäudes

Produktion, z. B. Aufarbeitung von Trödel, Kunstgewerbe, Reparaturen, kleine Holzarbeiten, Regale, Spielzeug

Verkauf
ständig in der Cafeteria
Trödelmärkte
Gemeindefeste

Beratung
ständige Anwesenheit eines Sozialarbeiters

Anlaufstelle

offenes Angebot

Cafeteria
Arbeitsgruppen nach Bedarf und Nachfrage

Begleitung der Kurse
Inhalt nach Zielsetzung und Bedürfnissen der Teilnehmer

Öffentlichkeitsarbeit
Fotogruppe
Jugendzeitung

Information

theoretisches Angebot

Diese Konzeption ermöglicht die Einbeziehung aller Jugendlichen, die im Stadtteil wohnen und löst die arbeitslosen Jugendlichen nicht aus ihren Bezugskreisen heraus. Sie schafft die Voraussetzungen für eine vorbeugende Arbeit, da gerade diese Jugendlichen in starke Resignation verfallen, was im weitesten Sinne Verwahrlosungserscheinungen begünstigt.

7. *Vorbereitung auf feste Kurse*

Zuerst Absprache mit den Werklehrern der Haupt- und Sonderschule und der Gesamtschule über
- die Lehrinhalte des Werkunterrichts,
- bereits vorhandene Kenntnisse und Fertigkeiten.

Mögliche Angebote von unserer Seite:

a) *Holzarbeiten*
   - alte Möbelstücke abbeizen, behandeln, aufpolieren, reparieren, Regale bauen, Kinderspielzeug herstellen
   - praktische Arbeiten: sägen, schmirgeln, leimen, raspeln, dübeln, beizen, abbeizen, drechseln, hobeln
   - theoretische Angebote: Informationen über Holzsorten, deren Verwendung, Bearbeitung, Umgang mit Farben und Lacken

b) *Kleidung/„second-hand-shop“*
   - Kleidungsstücke reinigen, ausbessern, bügeln
   - praktische Arbeiten: nähen, stricken, häkeln, stopfen, sticken, säumen, bügeln
   - theoretisches Angebot: Stoffkunde, Wollkunde, Zuschneiden

c) *Elektroarbeiten*
   - kleine Reparaturen an Elektrogeräten, Eigenbau von Lichtorgeln, Verstärkern, Lautsprecherboxen
   - theoretisches Angebot: einfache elektrische Schaltungen, elektrische Bauteile, Funktion von Elektrogeräten

8. *Bedingungen an die Räumlichkeiten*

Zentrale, verkehrsgünstige Lage im Stadtteil und ausreichendes Raumangebot sind

wichtige Voraussetzungen für die Projektarbeit. Im einzelnen sollten vorhanden sein:
- großer Raum als Cafeteria, für Veranstaltungen, Informationen, Ausstellungen
- Büro als Zentrale und Beratungszimmer
- Gruppenräume mit Einrichtungen zur Arbeit mit Gruppen
- Werkräume für praktische Arbeiten
- Lagerräume für Material
- Küche/Kochgelegenheit

9. *Aufbau von Kontakten zu Jugendlichen und im Stadtteil*

Aufbereitung von statistischem Material und von Adressenmaterial von Ämtern und Arbeitsverwaltung.

Informationen an: Jugendtreff, Jugendzentrum
Ökumenisches Gemeindezentrum, Kirchengemeinden,
Stadtverwaltung, Ämter, Polizei

Aufbau der ersten festen Gruppe durch eine Arbeitsbeschaffungsmaßnahme: Renovierung und Einrichtung des Jugendladens.

10. *Verpflichtungen der Jugendlichen*

Um eine möglichst kontinuierliche Arbeit zu gewährleisten und den Jugendlichen das Gefühl zu geben, in einem „Arbeitsprozeß" zu stehen, ist es notwendig, bei den Kursen gewisse Regeln einzuführen:
- Zusammenarbeit mit dem Arbeitsamt (offizielle Verpflichtung zur Mitarbeit)
- Fehlzeiten der Jugendlichen nur mit Entschuldigung (ärztliches Attest)
- Verdienst nur nach wirklich geleisteten Arbeitsstunden, kein Absitzen der Zeit, Qualität der Arbeit ist entscheidend
- Verdienst entsprechend dem Gehalt von Auszubildenden
- Wenn nötig, Ausschluß einzelner Jugendlicher.

11. *Zeitlicher Ablauf*

Prioritäten: Beschaffung von Räumen, Abklärung der Finanzierung (ABM, Modellmaßnahme des Landes, Kirchenkreis, DW)

Arbeitsabläufe: Kalkulation der Renovierungskosten, Arbeitsplan für die Renovierung, Renovierung der Räume
Gleichzeitig Öffentlichkeitsarbeit: Ansprechen der Handwerkskammern (Innungen), Betriebe, Geschäfte, Gewerkschaften, Parteien usw. zwecks Spenden für Material und Einrichtung der Räume
Eventuell Ü-Wagen des WDR zur Eröffnung
Information der Presse.

Aufbauphase: Beginn mit einer festen Gruppe (Kurs) von ca. 15 Teilnehmern
Von Anfang an offenes Angebot mit Cafeteria, Beratung und Information
Möglichkeiten für offene Gruppenarbeit lassen
Weiterarbeit mit kontinuierlichem Angebot.[18]

---

[18] Auszug aus: „Konzeptionelle Überlegungen zur stadtteilbezogenen Arbeit mit jugendlichen Arbeitslosen" v. Okt. 1977 und „Informationen zur Eröffnung der Beratungsstelle ..." v. 16.3.1978

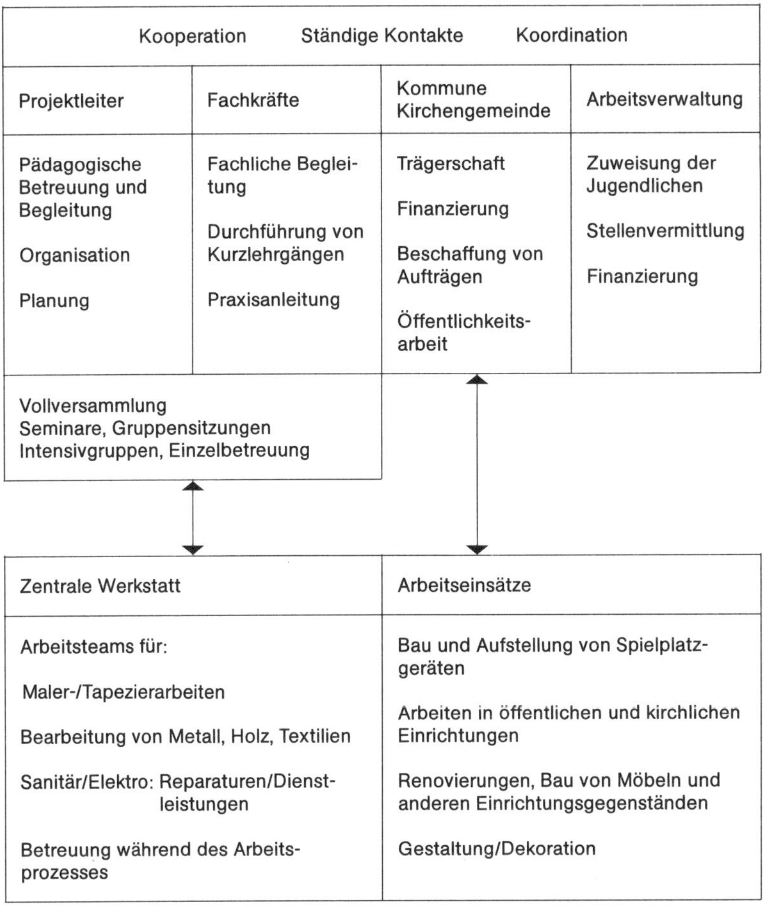

1. *Zielgruppe:* Jugendliche mit sozialisationsbedingten Schwierigkeiten: Abgänger aus Sonderschulen, Drogengefährdete, Strafentlassene. Altersgruppe sollte homogen sein (16–18 Jahre), Mädchen und Jungen.
2. *Ziele des Projekts*
   - Motivation zur regelmäßigen Arbeit und lernen, daß Arbeit eine notwendige Grundlage zum Lebensunterhalt ist
   - Vermittlung von technisch-handwerklichen Grundkenntnissen
   - Vermittlung des Gefühls, in einem Arbeitsprozeß zu stehen und sinnvolle Arbeit zu leisten

- Berufsfindung/Überleitung in Arbeits- oder Ausbildungsverhältnisse
- sozialpädagogische Beratung und Betreuung während des Arbeitsprozesses

3. *Aufgaben/Tätigkeiten*
   - In einer zentralen Werkstatt mit entsprechenden Maschinen. Arbeitsvorrichtungen, Werkzeugen und Materialien werden von den Jugendlichen unter Anleitung von Fachkräften oder weitgehend selbständig Arbeitsaufträge für öffentliche und kirchliche Institutionen und Einrichtungen durchgeführt.
   - Arbeitsteams gehen auch in die einzelnen Einrichtungen, um vor Ort bestimmte Arbeiten durchzuführen (Arbeitseinsätze).
   - Sozialpädagogische Betreuung durch
     - den Projektleiter,
     - den Praxisanleiter;

     während der Projektarbeit und in
     - Mitarbeiterversammlungen,
     - Arbeitsgruppen,
     - Seminarveranstaltungen;

     in Einzelgesprächen.
   - Durch ständige Kontakte mit dem Arbeitsamt, den Berufsschulen und Mitarbeitern (z.B. Meister) aus umliegenden Betrieben wird eine Übernahme in Arbeits-, Anlern- oder Ausbildungsverhältnisse angestrebt.
4. *Organisatorische Einzelheiten*
   - Dauer des Projekts: für die Jugendlichen ein Jahr, das Gesamtprojekt sollte auf mehrere Jahre angelegt sein.
   - Bezahlung der Jugendlichen: Das Arbeitsamt zahlt aus ABM-Mitteln pro Monat für jeden Jugendlichen zwischen 700 und 900 DM netto.
   - Arbeitsbedingungen: Zusammenarbeit mit dem Arbeitsamt ist Pflicht. Für die Jugendlichen kann gelten:
     - Fehlzeiten nur mit Entschuldigung (Attest);
     - Verdienst nur nach geleisteter Arbeit, die Qualität der Arbeit ist mitentscheidend;
     - Absprachen über Qualitätsmerkmale und Lohnfindung sollten möglich sein;
     - falls erforderlich, können die Jugendlichen aus der Projektarbeit ausgeschlossen werden.
   - Räume/Ausstattung: großer Werkstattraum oder verschiedene kleine Räume, Lagerraum, Gruppenraum, Büro, Waschraum, Dusche, WC; geeignet sind ehemalige Handwerksbetriebe, Lagerhallen oder kleine Fabrikgebäude.

Gebrauchte Maschinen können übernommen werden.

- Personal:
  - Projektleiter mit pädagogischer (und eventueller handwerklicher) Ausbildung
  - zwei bis drei Fachkräfte (z.B. Schlosser, Elektriker, Schreiner, Maler usw.)
  - zwei sozialpädagogische Fachkräfte

Der Verlauf eines Projekts ist wesentlich vom persönlichen Einsatz der Mitarbeiter abhängig, aber auch davon, wieweit ein Rückhalt beim Träger vorhanden ist, und nicht zuletzt davon, ob es gelingt, für die Jugendlichen ständig sinnvolle Arbeitsaufträge zu erhalten.

Beispiel: Arbeitslosenprojekt der Industriejugend- und Berufsschülerarbeit in der Evangelisch-lutherischen Kirche in Bayern

1. *Zielgruppe*

Die EIBA leistet seit vielen Jahren gute Arbeit mit Lehrlingen und in letzter Zeit auch mit jugendlichen Arbeitslosen. Dadurch und nicht zuletzt durch die stadtteilbezogene, offene Jugendarbeit im Info-Laden wurden die Sozialarbeiter und die ehrenamtlichen Mitarbeiter mit den Folgeerscheinungen der Jugendarbeitslosigkeit konfrontiert. Bei dieser Problematik stößt der Betrachter permanent auf die Tatsache, daß zum einen bei Jugendlichen, die längere Zeit trotz intensiver Bemühungen keine Lehrstelle gefunden haben, die Gefahr wächst, vor dieser Situation zu resignieren und die Suche aufzugeben. Zum anderen ist aber zunehmend zu beobachten, daß immer mehr Jugendliche gleich gar nicht die Initiative ergreifen und sich von vornherein in Resignation flüchten.
An Jugendliche, die sich in einer solchen Situation befinden, bzw. potentiell davon betroffen sind, richtet sich das Projekt, denn deren Chancen, wieder „Boden unter die Füße zu bekommen", sind in der derzeitigen Lage gleich Null. Festzuhalten ist weiterhin, daß insbesondere Mädchen von Arbeitslosigkeit betroffen sind. Nach Angaben des Augsburger Arbeitsamts ist das Verhältnis von arbeitslosen Jungen zu arbeitslosen Mädchen 1:3. Nicht zuletzt deswegen ist es angeraten, auch Mädchen aufzunehmen. Bei einer Gesamtzahl von 12 Jugendlichen sollte etwa die Hälfte aus Mädchen bestehen.
Ein zusätzliches Kriterium für die Beschreibung der Zielgruppe ist das Alter: Nach Mitteilung des Arbeitsamts liegt der Hauptanteil arbeitsloser Jugendlicher in der Altersgruppe zwischen 15 und 18 Jahren. Wir beabsichtigen daher auch speziell diese Altersgruppe bei dem Projekt anzusprechen und zu berücksichtigen.

2. *Langfristigkeit*

Die Überlegungen der EIBA gehen dahin, daß die Rahmenbedingungen dieses Projekts langfristig angelegt werden. Darunter ist zu verstehen, daß die Maßnahme nicht nach einem Jahr „im Sande verläuft", sondern gesichert ist, daß ohne Unterbrechung ein neues Projekt beginnen kann. Unter Langfristigkeit verstehen wir eine Dauer von 5 Jahren, d.h. fünf Durchgänge von je 12 Monaten Dauer. Somit kann eine sinnvolle Anlage der Maßnahme ermöglicht werden, und der Träger des Projekts leistet einen wertvollen Beitrag zur allgemeinen Situation der Arbeitslosigkeit, zumal davon ausgegangen werden kann, daß sich die aktuelle Situation innerhalb der nächsten fünf Jahre nicht grundlegend ändern wird. Außerdem entwickelt sich dieses Projekt zu einem konstanten Faktor innerhalb der Jugendarbeit in der Stadt und im Landkreis Augsburg. Ferner besteht ein sicherer Ansprechpartner für das Arbeitsamt und andere Einrichtungen. In dem Zeitraum von fünf Jahren besteht auch die Möglichkeit, die Formen der pädagogischen Begleitung zu modifizieren und übertragbar zu machen.

3. *Ziele des Projekts*

a) Stabilisierung der individuellen Struktur: Es ist davon auszugehen, daß es sich bei den Jugendlichen um Menschen handelt, die aufgrund ihrer aktuellen Lage eine instabile und unsichere persönliche Struktur besitzen. Dies ist eine Folge der Arbeitslosigkeit und die ständige Erfahrung subjektiven Versagens bei der Suche nach Arbeit. Die Jugendlichen haben kein Vertrauen zu sich selbst und können sich folglich auch nicht zu ihrer Umgebung in Beziehung setzen. Somit ist eine der dringlichsten Aufgaben des Projekts, die Möglichkeiten zu schaffen, in denen sich die Jugendlichen im Laufe der Zeit stabilisieren und ein Selbstwertgefühl entwickeln können:
   - durch die Arbeit und die Auseinandersetzung mit Material sowie die Bestätigung der Tätigkeit am konkreten Arbeitsergebnis
   - durch die Auseinandersetzung mit Kollegen
   - durch eine an diesen Erfordernissen ausgerichtete Arbeits- und Therapiestruktur.

b) Vermittlung von technischen und handwerklichen Fähigkeiten: Ein wichtiger Teil des Projekts wird die Vermittlung von technischen und handwerklichen Fähigkeiten sein. Da die meisten Teilnehmer keine bzw. eine abgebrochene Ausbildung besitzen, kommt der Vermittlung gewisser Grundkenntnisse eine zentrale Bedeutung zu. Letztlich werden die Jugendlichen erst dadurch befähigt, an einem Arbeitsprozeß teilzunehmen.
   Um von vornherein falschen Hoffnungen entgegenzutreten: Es ist nicht Aufgabe des Projekts, den Jugendlichen eine – wie auch immer geartete – abgeschlossene Ausbildung zu gewähren. Dazu ist der Träger des Projekts nicht in der Lage, und es ließe sich in dem gesteckten Rahmen auch nicht durchführen. Insofern bleiben die vermittelbaren Fähigkeiten beschränkt auf Informationen und kurze Lehrgänge (Qualifikation ohne Abschluß). Letztlich können diese Fähigkeiten und Qualifikationen Auslöser sein, sich für das eine oder andere näher zu interessieren (Berufsfindung). Hierbei kann und muß das Projekt eine Hilfestellung geben.

c) Arbeit als notwendige Grundlage des Lebensunterhalts: Die Erfahrungen aus dem Umgang und der Arbeit mit arbeitslosen Jugendlichen zeigen, daß diese oft nicht mehr in der Lage sind, einer geregelten Arbeit nachzugehen und diese als notwendige Grundlage der Ausgestaltung ihres Lebens zu betrachten. Ihre Unterstützung von staatlicher Seite (Sozialhilfe) und Zuschüsse aus der Familie reichen meist nicht aus. Daher sind diese Jugendlichen von Kriminalität bedroht. Hier kann das Projekt einen Beitrag leisten, den Jugendlichen zu helfen, von dieser Einstellung loszukommen und eine positive Einstellung gegenüber der Arbeit zu entwickeln. Dazu gehört auch das Aufzeigen von betrieblicher Wirklichkeit und die Möglichkeit der Mitwirkung an der Gestaltung des Arbeitsprozesses und des Arbeitsplatzes im Rahmen der gesetzlichen Bestimmungen.

d) Übernahme in geeignete Arbeits-, Anlern- oder Ausbildungsverhältnisse: Da es nicht Ziel des Projekts sein kann, daß die Jugendlichen mit Ablauf der 12 Monate wieder arbeitslos sind, muß frühzeitig damit begonnen werden, nach Betrieben Ausschau zu halten, die bereit und in der Lage sind, Jugendliche aus dem Projekt zu beschäftigen. Erfahrungsgemäß sollte man auf Kleinbetriebe zugehen, da diese in der Regel eher bereit sind, Jugendliche aufzunehmen. Außerdem können in diesen

Betrieben die erlernten handwerklichen Fähigkeiten relativ gut angewendet werden. Nach Möglichkeit und Interesse der beteiligten Jugendlichen sollte versucht werden, für diese auch Lehrstellen zu finden.

4. *Arbeits- und Einsatzstruktur*

Zentraler Ort der Arbeit wird die Werkstatt sein. Dort hat jeder Jugendliche seinen Arbeitsplatz. Von der Werkstatt aus werden Arbeitsgruppen gebildet, die dann Arbeitseinsätze in verschiedenen Einrichtungen (unter Zugrundelegung von Verträgen) durchführen. Nach Beendigung des Einsatzes kehren die Jugendlichen wieder an ihre Arbeitsplätze zurück. Nach Möglichkeit werden auch die im Laufe eines Einsatzes notwendigen Arbeiten in der Werkstatt erledigt.

a) Tätigkeiten: Neben Arbeiten, die traditionelle Männerarbeit sind (Metall, Sanitär, Elektro), müssen auch solche Tätigkeiten aufgenommen werden, die den beteiligten Mädchen eine Chance geben, nach Abschluß des Projekts weitervermittelt werden zu können. Dies sind insbesondere Arbeiten mit Holz und Stoffen sowie Malerarbeiten und Tätigkeiten im Gestaltungsbereich. Dabei ist immer das Ziel zu verfolgen, daß die beteiligten Jugendlichen auch Anschluß an geeignete Anlern-, Arbeits- oder Ausbildungsverhältnisse bekommen. Nicht in der Intention des Projektes liegt eine stringente Trennung von Mädchen- und Jungentätigkeiten. Vielmehr soll versucht werden, daß jeder Teilnehmer sich mit den in Frage kommenden Arbeiten auseinandersetzt.

b) Lehrgänge: Zur Vermittlung von Grundkenntnissen und zur fachlichen Untermauerung von praktischen Tätigkeiten ist beabsichtigt, diverse Lehrgänge durchzuführen. Dazu sollten Fachkräfte aus Betrieben und Berufsschulen auf Honorarbasis herangezogen werden. Diese Lehrgänge können zudem ein Beitrag zur beruflichen Orientierung sein.

c) Bestückung der Werkstatt:
   - Maschinen: Drehbank, Bohrmaschine, Schleifbock, Kreissäge, elektrische Handsäge, Schweißapparate, elektrische Stichsäge, Winkelschleifmaschine, Schwingschleifer, Handbohrmaschine, elektrische Nähmaschine.
   - Arbeitsvorrichtungen: 2 große Werkbänke, 2 Hobelbänke, 1 kleine Werkbank, 3 Schraubstöcke, 1 Schweißkabine, 1 Schleifkabine, 5 kleine Arbeitstische, 1 großer Arbeitstisch.
   - Diverse Werkzeuge: Maler-, Tapezierer-, Holz-, Maurer-, Metall- und Nähwerkzeuge.

5. *Pädagogische Arbeit*

Neben den manuellen Tätigkeiten der Jugendlichen nimmt die pädagogische Betreuung einen wichtigen Stellenwert ein:

a) Aufgaben:
   - inhaltliche und methodische Vorbereitung der Gruppensitzungen, der Vollversammlung und der Seminarveranstaltungen,
   - Entwicklung einer kontinuierlichen und langfristigen Gruppenarbeit,
   - Entwicklung und Durchführung adäquater Therapieformen der sozialpädagogischen Begleitung,
   - Aufarbeiten der individuellen Problematiken und Transfer in die Gesamtgruppe.

b) Gruppensitzungen: Sie sollten nach Möglichkeit wöchentlich stattfinden. Die Gruppe ist eventuell aufzuteilen, um sinnvoll arbeiten zu können. Gruppensitzungen sind Forum für alle Beteiligten, d.h. Jugendliche, Meister, Projektleiter (Teamer). Hierbei wird gemeinsam die Arbeit besprochen, über Vorfälle reflektiert, in Konfliktfällen nach Lösungen gesucht. Zu berücksichtigen ist, daß die Jugendli-

chen sicher nicht von Anfang an in der Lage sein werden, dieses Forum in seiner gedachten Funktion zu benutzen. Diese kann sich erst langsam durch Einzelgespräche und kontinuierliche Gruppenarbeit entwickeln.
Die Transformation der individuellen Problematik in allgemeine Betroffenheit einer Gruppe und die dadurch erreichte Chance, Solidarität zu erfahren, sind wichtige Voraussetzungen dafür, die Instabilität und das subjektive Versagen des einzelnen aufzuheben. Dem Jugendlichen sollte allerdings nicht der Zwang auferlegt werden, daß er nur in der Gruppe akzeptiert wird, denn eine Folgeerscheinung der jahrelangen Mißerfolge ist eine Abnahme der Kommunikationsfähigkeit. Einzelfallhilfe und Gruppenarbeit sollten sich sinnvoll ergänzen.
Mit dem zeitlichen Fortschreiten des Projekts ist es nicht ausgeschlossen, daß die Jugendlichen selbst die Planung und Durchführung einzelner Sitzungen übernehmen. Dabei steht der Teamer beratend zur Seite.
Die Teilnahme der Meister an diesen Sitzungen ist vor allem deshalb notwendig, weil viele Probleme aus der täglichen Tätigkeit entstehen und alle Beteiligten bei deren Besprechung anwesend sein sollten.

c) Seminarveranstaltungen:
   - Einführungsseminar: Es dauert vier Tage und soll ein besseres Kennenlernen der einzelnen Jugendlichen ermöglichen. Erfahrungsgemäß lassen sich in einer „lockeren" Seminaratmosphäre gute und engagierte Gespräche führen. Das Seminar dient dem Teamer auch dazu, eine erste vorsichtige Einschätzung für die sozialpädagogischen Einzelschritte zu entwickeln. Das Seminar sollte in einem Haus abgehalten werden, in dem die Jugendlichen unter sich sind, sich selbst verpflegen und erstes gemeinsames Handeln erproben können.
   - Seminar zur Halbzeit: Ähnlich wie das Einführungsseminar aufgebaut, sollte diese Veranstaltung der ersten gemeinsamen Reflexion dienen. Erfolge und Mißerfolge des einzelnen sowie des ganzen Projekts sollten bewußt werden.
   - Abschlußseminar: Gegen Ende des Projekts sollte noch einmal ein gemeinsames Wochenende veranstaltet werden, um in Seminarform die gemachten Erfahrungen zu stabilisieren, das gemeinsam Erlebte noch einmal „Revue passieren" zu lassen.
   - Exkursionen: Je nach Gelegenheit und Notwendigkeit sollten Ausflüge mit Betriebsbesichtigungen durchgeführt werden, um den Jugendlichen zusätzliche Erfahrungen zu ermöglichen, gewonnene Erfahrungen zu festigen und einzuordnen.

d) Inhalte der Seminarveranstaltungen und der Gruppenarbeit:
   - Klärung und Bearbeitung individueller Schwierigkeiten und Probleme
   - Besprechen von Konflikten, die aus der Tätigkeit im Projekt entstehen
   - Begleitung des Arbeits- und Sozialisierungsprozesses
   - Informationen über berufliche Möglichkeiten, Diskussion über Berufswünsche und berufliche Realität
   - Diskussion von Lebenseinstellungen, Gespräche über die Themen Liebe, Freundschaft, Familie, Freizeit, Alkoholkonsum usw.
   - Diskussion über die politischen und wirtschaftlichen sowie sozialen Strukturen der Bundesrepublik
   - Abbau von Ängsten gegenüber öffentlichen Behörden (Sozialamt, Arbeitsamt, Stadtverwaltung)
   - Informationen über Arbeitsrecht, soziale Abgaben, Versicherungen

e) Methoden:
   Diskussion, Rollenspiel, Planspiel, Film, Foto, Video, Episkop, Fragebogen, Ein-

zelberatung, Elterngespräche, Gruppenarbeit, Malen, Basteln, Tanz, Musik.

f) Praxisanleitung:
Die Zusammenführung der organisatorischen Aufgaben und der pädagogischen Begleitung beim Projektleiter birgt die Gefahr in sich, daß die für diese Arbeit notwendige Distanzierung und Reflexion nicht mehr garantiert ist. Es sollte darum eine dritte Person mit Aufgaben der Praxisanleitung (nicht Supervision) beauftragt werden. Unter Praxisanleitung wird verstanden:
- Teilnehmende Beobachtung: Der Praxisanleiter nimmt wöchentlich ca. 4 Stunden an der Arbeit der Jugendlichen teil. Ziel ist dabei, Kontakte zu den einzelnen Jugendlichen aufzubauen und die gewonnenen Erfahrungen in die Praxisreflexion einzubringen.
- Teilnahme an der Vollversammlung: Die am Arbeitsplatz gemachten Erfahrungen finden hier ihren Widerhall. Dabei sollte der Praxisanleiter bei den auftauchenden Konflikten und Problemen beratend zur Seite stehen.
- Anleitung der Anleiter: 14tägig findet eine Sitzung der Facharbeiter, des Projektleiters und des Praxisanleiters statt. Dort teilt der Praxisanleiter seine Beobachtungen mit und arbeitet gemeinsam mit den Anleitern an pädagogischen Verhaltensformen. Dies ist besonders für die nicht pädagogisch ausgebildeten Facharbeiter von Bedeutung.
- Praxisanleitung des Projektleiters: In einem wöchentlichen Gespräch werden die anfallenden Probleme zwischen Projektleiter und Praxisanleiter diskutiert.

6. *Organisatorische Einzelheiten*

a) Projektleiter:
Zur ordnungsgemäßen Durchführung des Projekts bedarf es eines Projektleiters, der für die Dauer des Projekts beim Träger angestellt ist. Bei bisherigen Projekten gab es neben dem Projektleiter noch einen Gruppentrainer zur sozialpädagogischen und therapeutischen Begleitung. Diese Konstruktion hat sich als nicht besonders praktikabel erwiesen, da oft organisatorische und informatorische Probleme auftraten. Daher soll versucht werden, im vorliegenden Projekt die Trennung von Organisation und pädagogischer Arbeit aufzuheben und beide Funktionen auf eine Person zu vereinigen.
Aufgaben des Projektleiters:
- laufende Organisation, Koordination und Betreuung des Projekts,
- Mitarbeit bei der Erstellung von Arbeitsplänen,
- Anlaufstelle der Jugendlichen bei Anliegen und Vorkommnissen,
- Vorbereitung und Durchführung von Besprechungen mit Jugendlichen und Meistern,
- Gesprächspartner für Arbeitsamt, Gesamtkirchenverwaltung und den Projekteinrichtungen,
- Verantwortlichkeit für die sachgerechte Verwendung der Mittel,
- Berichterstattung über die Entwicklung des Projekts an die beteiligten Institutionen,
- pädagogische Aufgaben (vgl. Punkt 5 a).

b) Berufsschulpflicht:
Die Teilnehmer des Projekts, die noch der Berufsschulpflicht unterliegen (bis 18 Jahre), müssen regelmäßig die Berufsschule besuchen. Dabei sollte durch die Kontakte mit der Berufsschule die Möglichkeit geschaffen werden, daß nach einer gewissen Zeit die Jugendlichen in die Berufsschulklasse kommen, die ihrem Berufswunsch entspricht.

c) Kontakte:
Im Verlauf des Projekts ist es unerläßlich, Kontakte zu den Einrichtungen zu haben, in denen das Projekt arbeitsmäßig angesiedelt ist. Regelmäßige Kontakte zum Arbeitsamt und zu der Gesamtkirchenverwaltung sind selbstverständlich, Kontakte zu Betrieben von großer Bedeutung. Dabei sollte verstärkt auf Kleinbetriebe zugegangen werden, da diese erfahrungsgemäß am ehesten Jugendliche aus dem Projekt einstellen.

d) Berichte:
Der Projektleiter verpflichtet sich, in Abständen von drei Monaten Zwischenberichte an die beteiligten Institutionen zu geben, aus denen der aktuelle Stand sowie der Fortlauf des Projekts ersichtlich sind. Ein finanzieller Überblick ist ebenfalls enthalten. Nach Abschluß des Projekts ist ein umfassender Abschlußbericht anzufertigen. Des weiteren sollte eine Einschätzung der Ergebnisse der sozialpädagogischen Arbeit erfolgen. Nach einem angemessenen Zeitraum (ca. 2 Monate) sollte der Projektleiter nach Ablauf des Projekts nochmals die beteiligten Jugendlichen nach ihren Erfahrungen und Eindrücken befragen. Diese Befragung ist Bestandteil des Abschlußberichts.

e) Finanzierung:
Das Projekt kann vom Arbeitsamt Augsburg als Arbeitsbeschaffungsmaßnahme gefördert werden. Das Arbeitsamt übernimmt die Lohnkosten für Facharbeiter und Jugendliche sowie im ersten Jahr die Personalkosten des Projektleiters, wobei bei dessen Lohnkosten ein kleiner Teil nicht vom Arbeitsamt gedeckt wird.
Für die anderen Kosten hoffen wir auf die Beteiligung des Bayerischen Staatsministeriums für Arbeit und Sozialordnung.
Die wesentlichen Kosten für die Grundausstattung und Einrichtung der Werkstatt werden von der Ev.-Luth. Gesamtkirchengemeinde Augsburg getragen. Weitere Mittel stammen von kommunalen und anderen Einrichtungen.
Die Materialkosten für laufende Aufträge in und außerhalb der Werkstatt werden von den jeweiligen Auftraggebern bezahlt.

f) Arbeitsverträge:
Die Ev.-Luth. Gesamtkirchengemeinde Augsburg schließt unter Zugrundelegung der Arbeitsamtrichtlinien (ABM) mit den Beteiligten Arbeitsverträge ab. Sie ist auch zuständig für die Berechnung und Auszahlung des Lohns.

g) Weitervermittlung:
Als besonders notwendig hat sich die möglichst frühzeitige Kontaktnahme mit den an den Jugendlichen interessierten Betrieben herausgestellt. Zur Verfolgung des Projektziels einer direkten Überleitung in ein Arbeits-, Anlern- und Ausbildungsverhältnis ist es erforderlich, schon zu Beginn der Maßnahme interessierte Personen, vor allem aus kleinen und mittleren Betrieben, in die Projektarbeit einzubeziehen. Damit können betriebliche Anforderungen an die Jugendlichen von Beginn an wirklichkeitsnah diskutiert werden. Die Meister haben ihrerseits die Möglichkeit, schon frühzeitig mit den Jugendlichen in Kontakt zu treten. Sie können auch für fachliche Ratschläge bei einzelnen Arbeitsaufträgen herangezogen werden.

h) Nachbetreuung:
Dieser integrierte Bestandteil des Projekts soll nochmals verstärkt werden. Aus den bisherigen Erfahrungen mit bereits durchgeführten Projekten ist eine intensive Nachbetreuung auch im Interesse der Jugendlichen. Wir wollen in diesem Bereich wirksamere Verselbständigungshilfen geben, als es im normalen Rahmen eines Projekts möglich ist. Diese Hilfen erstrecken sich auf Beratungen, Veranstaltungen u.ä.

7. *Trägerschaft:*
Der Träger des Projekts ist die Evangelisch-Lutherische Gesamtkirchengemeinde Augsburg, Im Annahof 4. Die Betreuung und inhaltliche Gestaltung liegt bei der EIBA.[19]

3.4 Selbsthilfegruppen

Selbsthilfeinitiativen und Selbsthilfegruppen sind nicht ohne weiteres mit den bisher verwendeten Kategorien zu beschreiben. Gruppengröße, Zielsetzung und Organisationsform sind sehr unterschiedlich und unterliegen zudem ständigen Veränderungen. Es soll trotzdem eine kurze allgemeine Charakterisierung versucht werden.
Selbsthilfegruppen sind keine bewußt eingesetzten und zielgerichteten Maßnahmen einer Institution der Jugendhilfe. Sie werden vielmehr von sozialpolitisch aktiven Jugendlichen unterschiedlicher Herkunft (Schüler, Lehrlinge, Studenten, Jugendarbeiter) aus einer aktuellen Bedürfnislage heraus (schlechte Ausbildungs- und Arbeitsbedingungen, Arbeitslosigkeit) gegründet. Zu einem geringeren Teil werden solche Gruppen auch von Sozialarbeitern für Jugendliche, die nicht in die herkömmliche Projektarbeit einzubeziehen sind, initiiert.
Kennzeichen und Teil der Zielsetzung ist, im Unterschied zu den bisher beschriebenen sozialpädagogisch betreuten Projekten, eine weitgehende Eigenständigkeit und Unabhängigkeit, sowohl finanziell als auch die Zielsetzung und den organisatorischen Aufbau betreffend. Oft wählen allerdings auch Selbsthilfegruppen die Form eines eingetragenen Vereins, um so leichter öffentliche Gelder zu bekommen oder sich an einen Träger anhängen zu können (Kommune oder freier Wohlfahrtsverband).
Wesentliche Zielsetzung ist bei fast allen Gruppen die Verbindung von Wohnen, Arbeiten und Freizeitgestaltung (möglichst unter einem Dach), wobei versucht wird, alternative Formen der materiellen und psychosozialen Existenzerhaltung zu entwickeln und soweit wie möglich in die Praxis umzusetzen. Wenngleich dies in der Regel mit erheblichen Anfangsschwierigkeiten verbunden ist, da die Mitglieder in vielfacher Weise vorbelastet sind und sich erst allmählich in einer Wohngruppe zurechtfinden oder in einen durch die Gruppe organisierten Arbeitsprozeß einbeziehen lassen.

---

[19] Nach der Beschreibung des „Arbeitslosenprojekts III“ vom 22. 11. 1977. Es liegen bereits zwei Zwischenberichte vor, der letzte vom 10. 7. 1978. Sie können angefordert werden bei der Industriejugend- und Berufsschülerarbeit, Schaetzlerstraße 15, 8900 Augsburg, Telefon 08 21/31 17 67.

Zur Sicherung der materiellen Existenz versuchen Selbsthilfegruppen in Lücken der gewerblichen Wirtschaft einzudringen. Sie können aber in der Regel aus finanziellen Gründen, aufgrund mangelnder beruflicher Kenntnisse und kaufmännischer Erfahrungen kaum mit den etablierten Firmen konkurrieren. Darum bleiben meist nur Tätigkeiten und Aufträge übrig, die für andere weniger interessant oder rentabel sind: Entrümpelungen, Wohnungsauflösungen, Kleintransporte, Schrottverwertung, Reparatur und Verkauf von gebrauchten Gegenständen (Trödel, alte Möbel, Kleider, Elektroartikel).
Nehmen die Geschäfte größeren Umfang an, kann z.B. ein Lastwagen gekauft oder eine Werkstatt gemietet werden, so sind Schwierigkeiten mit der Handwerkskammer, mit dem Finanzamt oder anderen Behörden zu erwarten. Vor allem die nicht institutionell angebundenen Gruppen haben dann Probleme mit der Legalisierung ihrer Arbeit und der Absicherung der einzelnen Gruppenmitglieder (wer zahlt die Kranken-, Sozial-, Haftpflicht- oder gewerbliche Unfallversicherung?).
Neben den arbeitsorganisatorischen und rechtlichen Problemen, die sich einstellen, wenn versucht wird, auf „unübliche" Weise Geschäfte zu machen und Geld zu verdienen, sollte ein weiterer problematischer Punkt nicht unerwähnt bleiben: Das Leben in der Gruppe und die gemeinsame Arbeit stellen sich als ständiger Existenzkampf dar, der zudem meist mit „vorindustriellen" Arbeitsformen bewältigt wird. Dabei kann zwar zeitweise das Gefühl entstehen, „nichtentfremdete" Arbeit zu leisten, da die Arbeitsgänge überschaubar sind und ein gewisser Einfluß auf Dauer und Intensität der Arbeit möglich ist. Es muß aber auch gesehen werden, daß die „Schaffung von Alternativen zum Dasein der lohnabhängigen Arbeiter", selbst wenn dies am Rande des Existenzminimums geschieht, in einem Freiraum stattfindet, der sich zudem nicht beliebig erweitern und auf jede Form der Produktion und wirtschaftlichen Tätigkeit übertragen läßt. Darum sollte den Gruppenmitgliedern der Weg ins „normale" Erwerbsleben offengehalten werden. Einige Gruppen (auch die im folgenden Beispiel) versuchen sich darum (z.B. durch die Einbeziehung von Fachkräften) beruflich weiterzuqualifizieren, um es ihren Mitgliedern zu ermöglichen, auch außerhalb des „Schonraums", den die Gruppe bietet und der für viele Voraussetzung für eine Reintegration ist, arbeiten und leben zu können.

Beispiel: Projekt „Selbsthilfe Arbeitsloser Jugendlicher" durchgeführt vom Verein Selbsthilfe e.V., Gelsenkirchen

1. *Zielgruppe*

Jugendliche, die seit längerer Zeit arbeitslos sind und folgende Merkmale aufweisen:
- unzureichende psychische und physische Belastbarkeit

- mangelnde Arbeitsmotivation
- unzureichende finanzielle Situation
- Obdachlosigkeit
- fehlende Lebensperspektive

2. *Ziele, Vorstellungen zur Umsetzung*

Stabilisierung, Vermittlung in Arbeits- und Ausbildungsverhältnisse. Diese Ziele sind nur zu realisieren, wenn es gelingt, eine durchgängige Lebensperspektive zu entwickeln und ein Bewußtsein zu schaffen, das

- Lebenszusammenhänge nicht nur als persönliches Schicksal, sondern auch als gesellschaftlich bedingt begreift,
- die Arbeitslosigkeit nicht als höheres Phänomen, sondern als Folge wirtschaftlicher Veränderungen begreift,
- die Einsicht entwickelt, daß andere Menschen in ähnlicher Situation stehen und daß bessere Lebensbedingungen nur gemeinsam erkämpft werden können,
- die Einsicht entwickelt, daß nicht Flucht und Resignation, sondern offensives Angehen die Probleme löst.

Dieses Bewußtsein muß konkret erlernt und erlebt werden durch:

- gemeinsames Wohnen
- gemeinsames Arbeiten
- Schaffung von zufriedenstellenden Partnerbeziehungen
- sinnvolle Freizeitgestaltung
- gemeinsamen Kampf gegen Unterdrückung und Ausbeutung
- Kontakte zu gleichgesinnten Gruppen
- Erfolgserlebnisse in allen Bereichen

Voraussetzungen:

- geeigneter Wohnraum für Wohngruppen
- Betrieb mit Lkw für Haushaltsauflösungen, Entrümpelungen und Umzüge
- Trödelladen für den Verkauf der aufgearbeiteten Gegenstände
- Werkstatt zur Aufarbeitung der noch verwendungsfähigen Gegenstände
- Freizeiträume

Wohnbereich:

- Schaffung von Wohnraum für Gruppen
- Selbstorganisation des Alltags erlernen
- gemeinsame Organisation des Haushalts erlernen (z.B. Räume putzen, Wäsche waschen, kochen, einkaufen usw.)
- lernen, sein Geld einzuteilen
- lernen, Schwierigkeiten in der Gruppe auszutragen

Betriebsbereich:

- Schrittweises Heranführen an die Arbeit
- Einsicht in alle Betriebsabläufe
- Vermittlung von Grundkenntnissen der Materialbearbeitung
- Selbstorganisation des Betriebs

Freizeitbereich:

- Nach der Arbeit gemeinsame Freizeitgestaltung
- Aufbau von Kontakten nach außen (Gewerkschaftsjugend, HOT)
- Besuch von Veranstaltungen
- Bildungs- und Freizeitgruppen:
  Dienstag: Filmabend
  Mittwoch: Sportgruppe
  Donnerstag: Mitarbeiterbesprechung

Freitag: Songgruppe

– Selbsterfahrungsgruppe: Einsicht in die Zusammenhänge, die zur Situation der Jugendlichen geführt haben, Ursachen der Arbeitslosigkeit, Obdachlosigkeit usw.

3. *Tätigkeitsfelder*

Kfz-Mechaniker:

Das Interesse der Jugendlichen an technischen Problemen soll durch die Vermittlung und Einsicht in den Betrieb eines Kraftfahrzeugs befriedigt werden. Der Kfz-Mechaniker hat hier die Aufgabe, die verschiedenen Funktionen zu erklären und zu verdeutlichen. Gleichzeitig ist er für den betriebseigenen Lkw zuständig.

Bürokaufmann:

Er hat die Aufgabe, den Jugendlichen kaufmännische Grundkenntnisse zu vermitteln und die Buchführung des Betriebs zu erledigen.

Werkanleiter:

Der Werkanleiter überwacht die Aufarbeitung der Gegenstände (Möbel, Elektrogeräte) in der Werkstatt.

Sozialarbeiter:

Der Sozialarbeiter hat die Wohngruppen zu betreuen und organisiert mit den Jugendlichen das Freizeitprogramm. Darüber hinaus muß er Kontakte zu den Behörden herstellen.

Sozialwissenschaftler:

Der Sozialwissenschaftler arbeitet die Erfahrungen im Projekt wissenschaftlich auf, um sie für andere Orte übertragbar zu machen.

Alle Mitarbeiter haben die Aufgabe, über ihren berufsspezifischen Einsatz hinaus an der Erfüllung der Gesamtaufgabe im Sinne der oben genannten Ziele mitzuhelfen.

Über diese im Rahmen von Arbeitsbeschaffungsmaßnahmen beschäftigten Mitarbeiter stehen noch zur Verfügung:

– zwei Sozialarbeiter ehrenamtlich
– ein Sozialarbeiter, der im Rahmen des Sonderprogramms MAGS angestellt ist
– fünf Studenten der Sozialarbeit/Sozialpädagogik der Gesamthochschule Essen.

4. *Tätigkeitsfelder für die Jugendlichen*

Lkw-Betrieb:

Anzahl bis zu 4 Jugendliche; Aufgabenbereich: Haushaltsauflösungen, Entrümpelungen, Umzüge, Wartung des Lkw.

Trödelladen:

Sauberhalten des Ladens, Information über das gesamte Warenangebot, Auszeichnung mit Preisen, Inventarerfassung, Einordnen der aufgearbeiteten Gegenstände, Waschen der Textilien, Bügeln, Weiterverkauf.

Büro/Vertrieb/Werbung/Freizeit:

Anzahl 2 Jugendliche; Auftragsannahme, Buchführung, Abrechnungen, Stadtwerbung, Briefkastenwurfsendungen, Information des gesamten Gemeinwesens, Kontakt zu anderen Gruppen, Vorbereitung des Freizeitprogramms, Säubern der Räume.

Werkstatt:

Anzahl bis zu 16 Jugendliche; Aufarbeiten der Gebrauchtgegenstände.

Möbel: Abbeizen, Lackieren, Ausbessern.

Elektrogeräte: Fehler reparieren, funktionsfähig machen.

In der nicht produktiven Zeit werden den Jugendlichen Grundkenntnisse in der Materialbearbeitung in den Bereichen Holz und Metall vermittelt.

5. *Tagesablauf des Projekts*

9.00 Uhr Treffen in den Räumen der Selbsthilfe

9.15 Uhr	Besprechung aller Mitarbeiter, Aufgabenverteilung, Reflexion des Vortrages, Kritik am Betrieb, Erstellen eines Arbeitsplans
10.00 Uhr	Arbeitsbeginn
12.30 Uhr	Gemeinsames Mittagessen
13.30 Uhr	Arbeiten
17.00 Uhr	Arbeitsende
bis 21.00 Uhr	Freizeitprogramm

Darüber hinaus werden Wochenendfahrten, Ferienfahrten, Veranstaltungen anderer Träger besucht.[20]

[20] Nach der Projektbeschreibung vom Januar 1978. Anschrift: Selbsthilfe Gelsenkirchen e.V., 6460 Gelsenkirchen-Buer, Telefon 0209/3962128.

4

Ausgewählte Probleme der Projektarbeit

In diesem Kapitel sollen erste Erfahrungen der Projektarbeit für und mit arbeitslosen Jugendlichen weitergegeben werden. Dabei geht es um das Aufgreifen von Fragen, die über spezielle örtliche Gegebenheiten hinausgehen. Es werden Probleme behandelt, die in der einen oder anderen Form bei jeder Projektarbeit relevant sind.

4.1 Probleme der Ansprache und Einbeziehung der Jugendlichen in die Projektarbeit

a) Äußere Bedingungen/indirekte Ansprechmöglichkeiten

1. Der *Standort* ist mitentscheidend, ob ein Projekt gut anläuft, ob die Zielgruppe tatsächlich angesprochen wird. Weite Anmarschwege bzw. lange Fahrtzeiten für die Jugendlichen sind zu vermeiden. Der Anspruch, „flächendeckend“ zu arbeiten, scheitert bei zu großem Einzugsgebiet an der begrenzten Mobilität der Jugendlichen.
2. *Zugänglichkeit* des Projekts: Weitere Voraussetzung ist die leichte Auffindbarkeit, aber auch die Überschaubarkeit der Räumlichkeiten. Schwellenangst kann durch eine ansprechende äußere und innere Gestaltung, durch selbstgestaltete Hinweistafeln, dekorierte Schaufenster (wenn ein Ladengeschäft gemietet wurde) sowie durch eine gemütliche Atmosphäre bei entsprechender Raumgestaltung und Möblierung abgebaut werden.
3. Zu den äußeren Bedingungen gehören auch bestimmte Formen der *Öffentlichkeitsarbeit und Werbung*, wie das Aushängen von informativen Plakaten, das Auslegen von Flugblättern oder Informationsschriften an Stellen, die von Jugendlichen frequentiert werden. Oft zeigt sich allerdings, daß nur eine bestimmte Gruppe Jugendlicher (z.B. Gymnasiasten) auf diese Weise angesprochen werden kann, die eigentliche Zielgruppe muß mit anderen Mitteln „geworben“ werden.
4. Das Projekt sollte auch durch Institutionen in der näheren Umgebung vorgestellt werden. So können z.B. Informationsblätter bei den Arbeitsämtern, in sozialen Diensten, Kirchen ausgelegt und verteilt werden.

b) Direkte Ansprechmöglichkeiten

Wenn die Resonanz auf indirekte Werbe- und Informationsbemühungen gering ist bzw. die eigentliche Zielgruppe sich nicht angesprochen fühlt oder nicht erreicht wird, ist es erforderlich, die Jugendlichen direkt anzusprechen.

1. Dies kann auf dem Arbeitsamt, in Haupt- und Sonderschulen, während Informationsveranstaltungen, berufsvorbereitenden Maßnahmen u.ä. durch die Projektmitarbeiter geschehen.
2. Die Jugendlichen können auch auf der Straße (auch Kneipe, Disco) angesprochen oder zu Hause besucht werden. Persönliches Ansprechen und Informieren über die Angebote und Möglichkeiten des Projekts ist wesentlich wirkungsvoller als das Auslegen von Material. Bei Hausbesuchen sollten möglichst einige Vorinformationen über die Situation im Stadtteil, über den Jugendlichen und seine Familie vorliegen.
3. In verschiedenen Städten bestehen auch Kontakte zu Sozialarbeitern in sozialen Brennpunkten. Diese könnten zum einen die Jugendlichen auf das Projekt aufmerksam machen, andererseits die Projektmitarbeiter über die Jugendlichen informieren.
4. Bei einer großen Gruppe von Jugendlichen ist das Ansprechen an informellen Treffpunkten wichtig (streetwork). Diese Jugendlichen sind nur durch persönlichen Kontakt mit den Mitarbeitern zu gewinnen.
5. Auch die direkte Vermittlung durch Mitarbeiter in Sozial- und Jugendbehörden ist möglich.
6. Während gezielter Informationsveranstaltungen, bei gezielter Aktion, bei Festen, Discoabenden, Theatervorführungen, bei Wochenenden und Freizeiten können Jugendliche angesprochen werden und so den Zugang zur Projektarbeit finden.
7. Die Zusammenarbeit mit Einrichtungen der Jugendhilfe und Jugendpflege (OT, TOT, Jugendheime, Lehrlingsheime) stellt eine weitere Möglichkeit dar. Hier ist allerdings einschränkend zu bemerken, daß gerade die von Arbeitslosigkeit betroffenen Jugendlichen diese Einrichtungen nur in sehr geringem Maße in Anspruch nehmen.
8. Eine weitere, oft ungenützte Möglichkeit, Jugendliche anzusprechen bzw. etwas über arbeitslos gewordene Jugendliche zu erfahren, besteht über Kontaktpersonen (z.B. Meister, Jugendvertreter, Betriebsräte) in den Betrieben.

c) Ansprechen durch die im Projekt beteiligten Jugendlichen

Die Jugendlichen selbst können wirksame „Werbeträger“ des Projekts werden. Durch entsprechende Angebote, durch die Einbeziehung der motivierten Jugendlichen in die Projektarbeit, durch die Delegation von Arbeitsbereichen, von Eigenverantwortung entsteht eine Identifikation mit dem Projekt. Dabei kann eine „Mund-zu-Mund-Propaganda“ die positiven (auch die negativen) Erfahrungen an Freunde und Bekannte weitertragen.

Der letzte Abschnitt hat bereits deutlich gemacht, daß auf Kontakte, Beziehungen und Informationsaustausch mit dem Umfeld des Projekts nicht verzichtet werden kann. Projektarbeit darf sich nicht nur auf die Zielgruppe und auf die Tätigkeiten innerhalb der Räumlichkeiten beschränken. Wesentlich für den Erfolg eines Projekts ist die Zusammenarbeit mit Behörden und anderen Institutionen der näheren und weiteren Umgebung.

1. Zunächst sollte an die Familie bzw. die Elternteile der Jugendlichen gedacht werden. Dies kann durch regelmäßige Hausbesuche, aber auch durch gezielte Einladungen zu Veranstaltungen oder Einzelgespräche im Zusammenhang mit der Beratungstätigkeit geschehen.
2. Ein wichtiger Kooperationspartner ist das Arbeitsamt. Es erhält seinen Stellenwert nicht nur als Vermittler von Ausbildungs-, Arbeits- und Berufsvorbereitungsstellen, sondern ist darüber hinaus Träger wichtiger Informationen und Partner bei der Ansprache und Motivierung der Jugendlichen. Es ist allerdings oftmals notwendig, bestehende Barrieren und Vorurteile – die nicht zuletzt auf negativen Erfahrungen der Jugendlichen im Umgang mit Behörden oder „autoritären" Einzelpersonen beruhen – abzubauen. Oft müssen die Sachbearbeiter der Arbeitsverwaltung erst überzeugt werden, daß die Projektarbeit keine Konkurrenz oder kein Ersatz ihrer eigenen Tätigkeit bedeuten, sondern daß eine enge Zusammenarbeit – möglichst ohne strenge Kompetenzabgrenzung – für die betroffenen Jugendlichen vorteilhaft ist.
3. Bei der Projektarbeit sollte ebenso mit den Berufsschulen zusammengearbeitet werden. Dies kann einerseits durch Informationsveranstaltungen und anschließende Beratungsmöglichkeiten in den Schulen geschehen, andererseits sollte mit den Berufsschullehrern ein Erfahrungsaustausch stattfinden bzw. sollten engagierte Lehrer in die Arbeit im Projekt einbezogen werden, z.B. durch die Anleitung eines Fachkurses.
4. Unmittelbare Ansprechpartner für die Mitarbeiter eines Projekts sind auch die Sozial-, Jugend- und Wohnungsämter und deren Beratungsstellen. Oft übernimmt das Jugendamt Aufgaben des Arbeitsamts, z.B. die Vermittlung in Berufsvorbereitungslehrgänge oder die Betreuung von Jugendlichen in Arbeitsbeschaffungsmaßnahmen. Mitarbeiter des Sozialamts kennen die Probleme der Familie und der Jugendlichen in sozialen Brennpunkten. Wohnungsämter und Wohnbaugesellschaften (kommunale, gemeinnützige) sollten vermehrt angesprochen werden, um Jugendlichen zu helfen, die von zu Hause ausziehen, ohne eine Un-

terkunft zu haben. In diesem Zusammenhang soll noch einmal die Notwendigkeit von Wohngruppen und der Bau von Jugendwohnheimen hervorgehoben werden.

5. In einigen Städten war es auch möglich, gute Kontakte mit Behörden aufzubauen, die nur mittelbar mit der Projektarbeit in Verbindung zu bringen sind; z.B. Ämter, die Aufgaben der Sicherheits- und Ordnungsverwaltung wahrnehmen. Dies wirkt sich in Konfliktfällen mit der räumlichen Umgebung eines Projekts (Ruhestörung oder andere Belästigungen durch schwierige Jugendliche) positiv aus. Bauämter, Friedhofs- und Gartenbauämter oder die Forstverwaltung vergeben oftmals Arbeiten für Jugendliche oder kommen als Anstellungsträger für ABM in Frage.
6. Es sollte auch versucht werden, die politischen Gremien einer Kommune (Gemeinderat, Stadtrat, Stadtverordnetenversammlung, Sozialausschuß) bzw. deren Mitglieder und Repräsentanten für die Projektarbeit zu interessieren, auch wenn sich eine direkte Zusammenarbeit oft als schwierig herausstellt und die Maßnahmen und Möglichkeiten, die eine Kommune zur Bekämpfung der Jugendberufsnot hat, Gegenstand der Auseinandersetzung von Parteien und Fraktionen werden.
7. Kirchengemeinden: Besonders geeignete Ansprechpartner sind solche Gemeinden, die schwerpunktmäßig Randständigenarbeit betreiben (offene Clubarbeit, Rockerkeller, Jugendkaffee und dgl.). Diakone, Sozialarbeiter, Pastoren und ehrenamtliche Mitarbeiter sind in der Regel über die soziale Situation ihrer Gemeinde und über einzelne arbeitslose Jugendliche bestens informiert. Bei traditionellen Gemeinden sind dagegen oft Vorurteile und Widerstände – vor allem bei Kirchenvorständen – zu überwinden.
8. Beratungsstellen und therapeutische Einrichtungen für spezifische Probleme (z.B. bei Drogenabhängigen).
9. Jugendzentren, Organisationen der Jugendhilfe und Jugendpflege. Es sollten vor allem die Jugendverbände angesprochen werden. Sie haben sich bisher viel zu wenig mit den Problemen jugendlicher Arbeitsloser auseinandergesetzt und entsprechende Programme angeboten.
10. Fördereinrichtungen, Werkstätten, Betriebe;
11. Industrie- und Handelskammern, Handwerkskammern, Unternehmerverbände;
12. Gewerkschaften;
13. Parteien.

Bisherige Erfahrungen deuten darauf hin, daß die Zusammenarbeit mit den oben aufgezählten Institutionen und deren Mitarbeitern sehr unterschiedlich ausgeprägt ist und stark vom Problembewußtsein, vom sozialen und politischen Engagement einzelner Kooperationspartner abhängt. Die Schwierig-

keit zu kooperieren verringert sich meist dort, wo es gelingt, persönliche Kontakte herzustellen. Dies gilt vor allem bei Behörden, die aufgrund ihrer Struktur nicht ohne weiteres in der Lage sind, auf kurzfristige, situative und spontane Anforderungen einzugehen.
Hinderungsgründe für eine vielseitige Zusammenarbeit entstehen vielfach durch eine mangelhafte personelle Besetzung von Projekten. Das Knüpfen und die Aufrechterhaltung von Kontakten und Beziehungen im Umfeld des Projekts ist in der Regel sehr zeitaufwendig und kann die Kapazität eines Projektmitarbeiters voll beanspruchen. Personelle Unterbesetzung ist darum auch im Hinblick auf Kontakte und Kooperationsmöglichkeiten zu vermeiden.

4.3 Öffentlichkeitsarbeit

Funktionen:

1. Öffentlichkeitsarbeit als Methode der Projektarbeit, um die betroffenen Jugendlichen selbst zu aktivieren, sie dazu zu bringen, sich mit ihrer Situation auseinanderzusetzen und sie zu motivieren, diese in der Öffentlichkeit darzustellen.
2. Ansprache von Zielgruppen der Projektarbeit (vgl. 4.1) und Information über Möglichkeiten und Angebote des Projekts.
3. Information über Ziele, Inhalte und Methoden der Projektarbeit für Institutionen und Einrichtungen im Umfeld des Projekts.
4. Information der Öffentlichkeit über
   - die Situation der arbeitslosen oder von Arbeitslosigkeit bedrohten Jugendlichen,
   - die Ursachen und Hintergründe der Jugendarbeitslosigkeit,
   - die Notwendigkeit, Projekte der Jugendsozialarbeit zu initiieren und durchzuführen,
   - die Notwendigkeit der Unterstützung, Mithilfe und freiwilligen Mitarbeit.

Mit dem Ziel, Verständnis zu wecken, Betroffenheit zu erzeugen, zur Auseinandersetzung mit den Problemen der Berufsnot zu provozieren und der aktiven Einbeziehung und Beteiligung an der Verbesserung der momentanen Situation arbeitsloser Jugendlicher.

Informationsträger:

- Schriften, Plakate, Graphiken, Fotos, Bilder
- Filme, Video, Fernsehen
- Tonträger, Rundfunk

- Personen, Gruppen, Institutionen
- Bauzäune, Pflaster, Straßen bemalen
- Fotowettbewerbe, Malwettbewerbe
- Ausstellungen in öffentlichen Gebäuden (Rathaus) oder stark frequentierten Einrichtungen (Sparkassen)
- Veröffentlichungen in Zeitungen, Fachzeitschriften, Herausgabe eigener Zeitschriften oder Praxisinformationen/Arbeitshilfen
- Informationsstände bei öffentlichen Veranstaltungen (Festen) in Fußgängerzonen, Plätzen u.ä.
- Infofeten, Infoveranstaltungen, Beteiligung an Gottesdiensten
- öffentlichkeitswirksame Aktionen und Veranstaltungen: Theateraufführungen, Veranstaltungen mit Pop-Gruppen, Liedermachern, Schauspielern
- eigene Theaterstücke, Straßentheater,
- Videoarbeit, Filmarbeit
- Tage der offenen Tür.

4.4 Anmerkungen zur ABM-Problematik

Gesetzliche Bestimmungen:

§ 91 AFG

(1) Die Bundesanstalt kann die Schaffung von Arbeitsplätzen nach den folgenden Vorschriften fördern (Förderung aus Mitteln der Bundesanstalt).

(2) Arbeiten, die im öffentlichen Interesse liegen, können durch die Gewährung von Zuschüssen an die Träger der Maßnahmen gefördert werden, wenn diese Arbeiten sonst nicht, nicht in demselben Umfange oder erst zu einem späteren Zeitpunkt durchgeführt würden. Zusätzlich können auch Darlehen gewährt werden.

(3) Bevorzugt zu fördern sind Arbeiten, die geeignet sind,
- die Voraussetzungen für die Beschäftigung von Arbeitslosen in Dauerarbeit zu schaffen, insbesondere die Folgen von Strukturveränderungen oder der technischen Entwicklung auszugleichen oder
- strukturverbessernde Maßnahmen vorzubereiten, zu ermöglichen oder zu ergänzen oder
- Arbeitsgelegenheiten für langfristig Arbeitslose zu schaffen.

§ 92

(1) Träger ist, wer die Maßnahme für eigene Rechnung ausführt oder ausführen läßt.

(2) Träger können sein
- juristische Personen des öffentlichen Rechts,
- Unternehmen oder Einrichtungen des privaten Rechts, wenn zu erwarten ist, daß die Förderung den Arbeitsmarkt in wirtschafts- oder sozialpolitisch erwünschter Weise belebt.

§ 93

(1) Die Förderung wird nur für Arbeitnehmer gewährt, die vom Arbeitsamt zugewiesen sind. Es dürfen nur Arbeitnehmer zugewiesen werden, die sich beim Arbeits-

amt arbeitslos gemeldet haben. Arbeitnehmer, die nicht zugewiesen sind, dürfen nur in dem notwendigen Umfange beschäftigt werden.

(2) Die Beziehungen zwischen den zugewiesenen Arbeitnehmern und dem Träger oder dem Unternehmer richten sich nach den Vorschriften des Arbeitsrechts. Das Arbeitsverhältnis kann ohne Einhaltung einer Frist gekündigt werden, wenn das Arbeitsamt den Arbeitnehmer abberuft; der Arbeitnehmer kann das Arbeitsverhältnis auch dann ohne Einhaltung einer Frist kündigen, wenn er eine andere Arbeit findet.

(3) Das Arbeitsamt kann den zugewiesenen Arbeitnehmer abberufen, wenn es ihm einen Dauerarbeitsplatz vermitteln kann.

§ 94

Der Zuschuß beträgt mindestens 60% des Arbeitsentgelts, das die zugewiesenen Arbeitnehmer für die innerhalb der Arbeitszeit geleisteten Arbeitsstunden erhalten haben.

§ 95

(1) Die Förderung ist von dem Träger vor Beginn der Maßnahme bei dem Arbeitsamt zu beantragen, in dessen Bezirk die Maßnahme durchgeführt werden soll.

(2) Dem Träger ist ein schriftlicher Bescheid darüber zu erteilen, ob die Maßnahme gefördert wird. Der Bescheid kann Bedingungen und Auflagen enthalten.

(3) Die Bundesanstalt bestimmt unter Berücksichtigung des Zweckes der Maßnahmen zur Arbeitsbeschaffung sowie der Lage und Entwicklung des Arbeitsmarktes durch Anordnung das Nähere über die Förderung aus Mitteln der Bundesanstalt, insbesondere über die Höhe des Zuschusses und die Bedingungen des Darlehens, über die Abberufung von zugewiesenen Arbeitnehmern, über die Förderungsfrist sowie über das Verfahren.

So weit die wichtigsten gesetzlichen Bestimmungen nach dem Arbeitsförderungsgesetz.

ABM in der Projektarbeit:

Für die Projektarbeit können ABM sowohl für die betroffenen Jugendlichen als auch für die Mitarbeiter von Interesse sein.

Jugendliche können für die Dauer von 6 bis 12 Monaten gefördert werden, wenn sie an Projekten teilnehmen, die der Berufsvorbereitung oder Verbesserung der Vermittlung dienen. In einigen Bundesländern werden auch Jugendliche gefördert, die am Aufbau von Jugendhilfeprojekten mitwirken (bei Bau- und Renovierungsarbeiten, Schreinerarbeiten, bei der Herstellung von Möbeln und anderen Einrichtungsgegenständen).

Zur Durchführung von Maßnahmen zur Bekämpfung der Jugendarbeitslosigkeit werden unter bestimmten Voraussetzungen auch Mitarbeiter über ABM-Programme gefördert. Diese Möglichkeit kann grundsätzlich als Chance für arbeitslose sozialpädagogische Fachkräfte gesehen werden. Sie können auf diese Weise praktische Erfahrungen sammeln und damit ihre weiteren Berufschancen verbessern. Durch die Tätigkeit in einer ABM erwirbt der Geförderte erstmalig oder erneut einen Anspruch auf Arbeitslosengeld.

Die Träger von Maßnahmen haben durch ABM die Möglichkeit, außergewöhnliche Aufgaben durchzuführen. Durch den Einsatz zusätzlicher Fachkräfte, die bis zu 100% über die Bundesanstalt für Arbeit finanziert werden können, lassen sich Modellphasen verwirklichen, zeitweise auftretende Engpässe der personellen Besetzung überbrücken, Mehrarbeit bewältigen oder befristete Projekte durchführen. Ebenso können bestimmte Projekte und Aufgaben vorgezogen werden, deren Verwirklichung erst für einen späteren Zeitpunkt vorgesehen war.

Das Inanspruchnehmen von Mitteln aus ABM-Programmen bringt auch eine Vielzahl von Problemen mit sich.

1. Für den Träger:

- Ein erheblicher Nachteil besteht in der befristeten Dauer der ABM. Sie dauern im sozialen Bereich in der Regel 1 Jahr, mit einer Verlängerung ist zur Zeit kaum zu rechnen. Die Befristung von Maßnahmen erfolgt dabei primär aus wirtschaftlichen Erwägungen.
  Von vornherein befristete Arbeitsverhältnisse führen vor allem in solchen Bereichen zu Problemen, wo der Arbeitsinhalt Beratung ist. Beratung ist ein Prozeß, der über einen längeren Zeitraum weitergeführt werden muß. Jugendliche, die eine Beratungsstelle oder andere Projekte zur Behebung ihrer Berufsnot in Anspruch nehmen, sind daher auf langfristige Beziehungen und Hilfen angewiesen.
- Weitere Probleme liegen in der Zuweisung der Mitarbeiter durch das zuständige Arbeitsamt. Sie erfolgt nach dem Kriterium der Vermittelbarkeit eines Arbeitslosen. Längerfristig Arbeitslose und schwer zu Vermittelnde werden in der Regel zuerst zugewiesen. Hier kann es in Absprache mit dem Arbeitsamt zwar zu einer Einigung kommen, jedoch wird diese Einigung nicht immer befriedigend für den Anstellungsträger und die verantwortlichen hauptamtlichen Mitarbeiter einer Maßnahme sein können.
- Nicht zuletzt soll auch die arbeitsrechtliche Seite der Beschäftigung von ABM-Kräften problematisiert werden. Während sich der Träger mit einem trägerüblichen, wenn auch befristeten Arbeitsvertrag bindet, kann sich der ABM-Mitarbeiter während der Dauer der Maßnahme nach einem anderen Arbeitsplatz umsehen und jederzeit in ein anderes, unter Umständen längerfristiges Arbeitsverhältnis wechseln. Ebenso kann das Arbeitsamt einen Mitarbeiter abrufen und einer anderen Maßnahme bzw. einem anderen Beschäftigungsverhältnis zuweisen.

2. Für die Fachkraft:

- Viele der betroffenen sozialpädagogischen Fachkräfte sehen Arbeitsbeschaffungsmaßnahmen als eine Möglichkeit des Einstiegs in die Berufspraxis. Für diese Mitarbeiter entsteht jedoch mit der Befristung des Arbeitsverhältnisses eine sehr starke gefühlsmäßige Belastung. Erfahrungen haben hierbei gezeigt, daß auch in aller Klarheit geführte Gespräche vor der Einstellung diese emotionale Belastung nicht verhindern oder reduzieren. Durch die Unsicherheit entstehen Spannungen, die die Arbeitsfähigkeit maßgeblich beeinträchtigen können. Resignative Haltungen, bis hin zur Perspektivlosigkeit, schränken weitere berufliche Chancen ein.

Aus diesen Ausführungen wird deutlich, daß sich Träger von Maßnahmen der Jugendhilfe und Jugendsozialarbeit nur mit größter Sorgfalt der Frage nach der Finanzierung von Projekten über ABM zuwenden werden. Eine Beschränkung in der Wahl der Projekte und des Arbeitsplatzes für einen ABM-Mitarbeiter ist erforderlich. Im Interesse der Betroffenen und der gesamten Projektarbeit schließen sich dabei bestimmte Arbeitsbereiche aus. Darüber hinaus ist eine Absprache zwischen dem Träger und dem ABM-Mitarbeiter erforderlich. Der Mitarbeiter muß sich über die Probleme und Konsequenzen seines Engagements während der Maßnahme bewußt sein. Es sollte geklärt werden, inwieweit die Chance einer späteren Übernahme in eine Planstelle besteht.

Im Interesse der Maßnahme und des Mitarbeiters muß die Auswahl in enger Zusammenarbeit mit dem Arbeitsamt erfolgen. Zuweisungen sollten bereits im Vorfeld mit dem zuständigen Sachbearbeiter abgesprochen werden. Vorbildung und Qualifikation müssen auf den Arbeitsplatz zugeschnitten sein. Die beruflichen Integrationschancen des ABM-Mitarbeiters können entscheidend durch Fortbildungsmaßnahmen verbessert werden. Zu einem sehr frühen Zeitpunkt sind gemeinsame Überlegungen hinsichtlich einer systematischen Fortbildung notwendig.

4.5 Anmerkungen zur Finanzierungspraxis von Projekten

Zu diesem Thema sind allgemeine Aussagen recht schwierig. Die Möglichkeiten der Finanzierung variieren von Projekt zu Projekt und hängen zudem von den jeweiligen Sonderprogrammen der Arbeits- und Sozialministerien ab, sind darum wiederum von Bundesland zu Bundesland verschieden.

In der Regel werden Projekte aus mehreren Quellen finanziert:

- aus Bundesmitteln (als Modelle nach dem Bundesjugendplan, als „Forschungsobjekte“ des BMBW), aus Mitteln der BA,
- aus Mitteln der Sonderprogramme der Länder,
- aus Mitteln der Kirchen und der Träger der freien Wohlfahrtsverbände,
- durch meist bescheidene Zuschüsse aus den kommunalen Haushalten,
- durch Spenden, Lotteriegewinnanteile, Bußgelder
- und schließlich durch Gelder, die die Projekte selbst erwirtschaften.

Um an die einzelnen „Quellen“ heranzukommen, ist es notwendig, daß die

mitverantwortlichen Zentralstellen gute Kontakte zu den vergebenden Ministerien, der Bundesanstalt für Arbeit bzw. den Landesarbeitsämtern und den örtlichen Dienststellen suchen und pflegen. Wichtig sind auch Kontakte und Beziehungen zu politischen Gremien oder einflußreichen Einzelpersonen. Probleme tauchen auf, wo es um eine längerfristige Planung der Projektarbeit geht. Es besteht eine erhebliche Unsicherheit bezüglich der zeitlichen Dauer von Fördermaßnahmen. In einigen Bundesländern sind die öffentlichen Mittel bereits auf Jahre hinaus vergeben, so daß die Förderung von neuen Projekten unwahrscheinlich ist. Ebenso unsicher ist die Förderungspraxis der Bundesanstalt für Arbeit, zumindest die berufsvorbereitenden Lehrgänge betreffend.
Um längerfristig arbeiten zu können, Planungsrisiken zu vermeiden, den unterschiedlichen, sich zum Teil widersprechenden und sich ausschließenden Bestimmungen und Auflagen der verschiedenen Geldgeber entgegenzuwirken[21], wird es notwendig sein, die bisherige Finanzierungspraxis aus verschiedenen Einzeltöpfen so weit wie möglich einzuschränken und tragfähigere, längerfristige Modelle zu entwickeln. Eine höhere Eigenbeteiligung der Träger wäre sicher ein erster Schritt. Die Synode der Evangelischen Kirche in Westfalen ist in dieser Richtung beispielhaft vorgegangen und hat für die Projektarbeit mit arbeitslosen Jugendlichen die beachtliche Summe von 300000 DM zur Verfügung gestellt.

4.6 Überlegungen zur besseren Bewältigung von Praxisproblemen

Die Projektarbeit mit arbeitslosen Jugendlichen – dies gilt auch für andere Problemgruppen der Jugendsozialarbeit – ist ohne Entwicklung von Perspektiven, ohne Austausch von Einzelproblemen, ohne Sachdiskussion und persönliche Aussprache im Mitarbeiterteam, d.h. ohne Möglichkeiten der Reflexion der augenblicklichen und zukünftigen praktischen Arbeit nicht denkbar.
Mit der Aufgabenstellung, durch sozialpädagogische Mittel und Methoden die Situation arbeitsloser Jugendlicher zu verbessern, sind einige Grundprobleme verbunden:

21 Bei einem geplanten Projekt sollte das Arbeitsamt die Personalkosten für eine technische Fachkraft und das Sozialministerium die Finanzierung der Werkstatt übernehmen. Die Bestimmungen des Länderprogramms sehen jedoch vor, daß die Förderung von Werkplätzen erst erfolgen darf, wenn das notwendige Personal eingestellt ist; das Arbeitsamt dürfte die ABM erst bewilligen, wenn der Arbeitsplatz entsprechend eingerichtet ist. Folge: Wochenlanger Papierkrieg zwischen dem Träger und den zuständigen Behörden.

Bei einer realistischen Betrachtung der gegenwärtigen Situation auf dem Ausbildungs- und Arbeitsstellenmarkt ist es für die einzelnen Projektmitarbeiter außerordentlich schwierig, für benachteiligte Jugendliche berufliche Perspektiven zu sehen. Durch Sozialarbeit können keine neuen Stellen oder Ausbildungsplätze geschaffen werden. Einen entsprechenden Platz zu finden, ist jedoch das Hauptanliegen der Betroffenen. Wie können die Jugendlichen zu Arbeit und Leistung, zu aktiver Mitarbeit in berufsqualifizierenden Kursen motiviert werden, wenn die Hindernisse auf dem Weg zu einem angemessenen Ausbildungs- oder Arbeitsplatz fast unüberwindbar scheinen?
Unter dem Druck, nicht nur eine Alibifunktion zu erfüllen, sondern auch konkret zu helfen, geraten die Mitarbeiter am Einzelfall sehr leicht unter Erfolgszwang. Dies kann zweierlei Konsequenzen haben:

- Das Problem Jugendarbeitslosigkeit wird immer mehr als das Problem von einzelnen Jugendlichen gesehen. Die Zusammenhänge geraten leicht aus dem Blickfeld. Damit kann sich das Bedürfnis zur Zusammenarbeit und Auseinandersetzung mit dem Umfeld des Projekts, d.h. mit Behörden, politischen Gremien oder dem Träger verringern. Dies ist gleichbedeutend mit dem Rückzug in eine überschaubare, an den Problemen einiger Jugendlicher orientierten Welt.
- Zum anderen kann der Anspruch, den Bedürfnissen der Jugendlichen gerecht zu werden, zu gesteigerten, oft übersteigerten Aktivitäten führen, die sehr bald den Rahmen der Projektarbeit und häufig auch die Leistungsfähigkeit der Mitarbeiter übersteigen.

Eine Überforderung der Mitarbeiter und Probleme der Praxisbewältigung treten in vielfacher Weise auf:

- wenn in Gebieten die Angebote der Jugendhilfe, besonders der offenen Jugendarbeit, spärlich sind oder ganz fehlen, werden Arbeitslosenprojekte mit zusätzlichen Aufgaben belastet;
- wenn übersteigerte Forderungen von seiten des Trägers oder des fördernden Ministeriums gestellt werden;
- wenn die bereitgestellten Mittel nicht ausreichen, um entsprechende Angebote realisieren zu können (z.B. im werkpraktischen Bereich);
- wenn bei ungenügender personeller und räumlicher Ausstattung die Forderung nach einer flächendeckenden Projektarbeit laut wird;
- wenn durch Androhung der Mittelstreichung alle Aktivitäten, die über den im Programm festgelegten Aufgabenbereich hinausgehen, unterbunden werden sollen (das kann heißen: nur Beratung und Betreuung einzelner, nicht aber sinnvolle sozialpädagogische Arbeit);
- wenn – und dies kann empfindlich treffen – die Diskrepanz zwischen wahltaktischen Versprechen, zwischen opportunistischen Einschätzungen und Äußerungen politischer Gremien oder Einzelpersonen auf Landesebene

oder in den Kommunen und den realen Bedingungen und Möglichkeiten, sowohl der Jugendlichen als auch der Projektmitarbeiter, unüberbrückbar wird.

Werden solche Praxisprobleme nicht aufgegriffen, in einen größeren Zusammenhang gestellt und realistische Perspektiven entwickelt, ist eine sinnvolle Projektarbeit auf Dauer nicht möglich. Resignation, ein Ausweichen auf eingefahrene Geleise, eine hohe Fluktuation unter den Mitarbeitern sind die Folgen.

Als Möglichkeiten der Praxisreflexion wurden bisher angeregt und durchgeführt:

- *für den einzelnen Mitarbeiter:* Engagement in kommunalen, kirchlichen und gewerkschaftlichen Organisationen und Einrichtungen, Weitergabe von Problemen an den Träger, auch das Aufzeigen von Mängeln und eigenen Unzulänglichkeiten;
- *im Rahmen der Projektarbeit:* Regelmäßige Mitarbeiterbesprechungen, Berichte an den Träger, Veröffentlichungen von Praxisproblemen in Fachzeitschriften, örtliche Presseberichte, Erarbeitung von Dokumentationen über die Praxis, Kontakte halten mit „unabhängigen" Initiativen, die von Jugendlichen verwaltet und getragen werden und durch eine ungeschminkte Öffentlichkeitsarbeit auch Probleme der eigenen Projektarbeit aufdecken können;
- *für den Träger:* Anstellung eines Praxisberaters, Bildung von Projektgruppen aus Mitarbeitern verschiedener Projekte, Organisation von Treffen oder Tagungen, an denen Mitarbeiter aus Projekten anderer Träger teilnehmen, Fortbildungsveranstaltungen, Zusammenarbeit mit Hochschulen, Anstellung von Praktikanten.

5
Anschriften

Zum gegenwärtigen Zeitpunkt werden von verschiedenen Trägern eine Vielzahl von Maßnahmen und Projekten für arbeitslose Jugendliche durchgeführt, über deren spezifische Arbeitsbedingungen und inhaltliche Schwerpunkte nur vereinzelt Informationen vorliegen (z.B. über die Modellprojekte des Bundesjugendplans). Da es wenig sinnvoll ist, Anschriften aufzulisten, ohne daß Näheres über das einzelne Projekt bekannt ist, soll auf eine solche Zusammenstellung von Adressen verzichtet werden.

Interessenten können sich an die im folgenden genannten Verbände, Organisationen oder Behörden wenden, wenn sie Informationen zum Problem Jugendarbeitslosigkeit brauchen oder Einzelheiten über das eine oder andere Projekt wissen wollen.

1. *Dachverbände der Jugendhilfe und Jugendsozialarbeit*

Arbeitsgemeinschaft für Jugendhilfe (AGJ)
Haager Weg 44, 5300 Bonn, Tel. 02221/281520
Arbeitsgemeinschaft der Evangelischen Jugend Deutschlands (AEJ)
Porschestraße 3, 7000 Stuttgart, Tel. 0711/824074
Bundesarbeitsgemeinschaft Evangelischer Jugendaufbaudienst (BAG EJAD)
Diemershaldenstraße 36, 7000 Stuttgart, Tel. 0711/234655
Bundesarbeitsgemeinschaft Jugendaufbauwerk (BAG JAW)
Haager Weg 44, 5300 Bonn, Tel. 02221/281215
Deutscher Bundesjugendring (DBJR)
Haager Weg 44, 5300 Bonn, Tel. 02221/283803
Ring politischer Jugend (RPJ)
Nordstraße 16, 5300 Bonn, Tel. 02221/636574
Studentische Zentralstelle e.V. (STZ)
Dechenstraße 8, 5300 Bonn, Tel. 02221/631022

2. *Wohlfahrtsverbände*

Arbeiterwohlfahrt (AWO) Bundesverband e.V.
Ollenhauerstraße 3, 5300 Bonn, Tel. 02221/223184–87
Deutscher Caritasverband (DCV)
Karlstraße 40, 7800 Freiburg, Tel. 0761/2001
Deutscher Paritätischer Wohlfahrtsverband Gesamtverband e.V. (DPWV)
Heinrich-Hoffmann-Straße 3, 6000 Frankfurt, Tel. 0611/66761
Deutsches Rotes Kreuz (DRK)
Friedrich-Ebert-Allee 71, 5300 Bonn, Tel. 02221/1001
Diakonisches Werk (DW) Hauptgeschäftsstelle
Stafflenbergstraße 76, 7000 Stuttgart, Tel. 0711/21591

3. *Sonstige Organisationen, Verbände, Institute*

Bundesanstalt für Arbeit (BA)
Regensburger Straße 104, 8500 Nürnberg, Tel. 0911/171

Bundesinstitut für Berufsbildungsforschung
Fehrbelliner Platz 3, 1000 Berlin 31, Tel. 030/86831

Bundesvereinigung Deutscher Arbeitgeberverbände (BDA)
Oberländer Ufer 72, 5000 Köln 51, Tel. 0221/380172

Bund-Länder-Kommission für Bildungsplanung
Petersberger Straße 18, 5300 Bonn, Tel. 02221/571

Deutscher Gewerkschaftsbund (DGB) Bundesvorstand
Abt. Jugend/Abt. Berufliche Bildung
Hans-Böckler-Straße 39, 4000 Düsseldorf, Tel. 0211/432139

Deutsches Jugendinstitut (DJI)
Saarstraße 7, 8000 München, Tel. 089/381831

Deutscher Verein für Öffentliche und Private Fürsorge
Am Stockborn 1–3, 6000 Frankfurt, Tel. 0611/58031

Institut für Arbeitsmarkt und Berufsforschung der BA (IAB)
Regensburger Straße 104, 8500 Nürnberg, Tel. 0911/171

Internationaler Bund für Sozialarbeit, Jugendsozialwerk (IB JSW)
Münchner Straße 38, 6000 Frankfurt, Tel. 0611/234063

4. *Landesarbeitsgemeinschaften des EJAD*

LAG Ev. Jugendaufbaudienst Baden-Württemberg
Reinsburgstraße 40, 7000 Stuttgart, Tel. 0711/623351

Ev. Jugendsozialarbeit Bayern e.V.
Nördliche Auffahrtsallee 14, 8000 München 19, Tel. 089/155265

LAG EJAD Berlin
Paulsenstraße 55, 1000 Berlin 31, Tel. 030/82971

LAG EJAD Hamburg
Bugenhagenstraße 21, 2000 Hamburg 1, Tel. 040/3342267

LAG EJAD Hessen und Nassau
Ederstraße 12, 6000 Frankfurt, Tel. 0611/327494

LAG EJAD Niedersachsen
Eberhardstraße 3a, 3000 Hannover, Tel. 0511/327494

Heimstatthilfe im Rheinland
Lenaustraße 41, 4000 Düsseldorf, Tel. 0211/631071

Heimstatthilfe in Westfalen
Friesenring 34, 4400 Münster, Tel. 0251/27091

LAG EJAD Rheinland-Pfalz
Große Himmelgasse 6, 6720 Speyer, Tel. 062032/4021

LAG EJAD Saarland
Deutschherrenstraße 12, 6600 Saarbrücken, Tel. 0681/56022

LAG EJAD Schleswig-Holstein
Kanalufer 40, 2370 Rendsburg, Tel. 04331/5115–16

5. *Ministerien*

Bundesebene:
Bundesministerium für Arbeit und Soziales (BMAS)
Rochusstraße 1, 5300 Bonn-Duisdorf, Tel. 02221/741
Bundesministerium für Jugend, Familie und Gesundheit (BMJFG)
Kennedyallee 105–107, 5300 Bonn-Bad Godesberg, Tel. 02221/8341
Bundesministerium für Bildung und Wissenschaft (BMBW)
Stresemann-Straße 2, 5300 Bonn-Bad Godesberg, Tel. 02221/571

6. *Länderministerien*

Baden-Württemberg:
Ministerium für Arbeit, Gesundheit und Sozialordnung
Rotebühlplatz 30, 7000 Stuttgart, Tel. 0711/663701
Ministerium für Wirtschaft, Mittelstand und Verkehr
Theodor-Heuss-Straße 4, 7000 Stuttgart, Tel. 0711/2020-1
Ministerium für Kultus und Sport
Schloßplatz 4, 7000 Stuttgart 1, Tel. 0711/2193-1
Ministerium für Wissenschaft und Kunst
Königstraße 46, 7000 Stuttgart 1, Tel. 0711/2193-1
Bayern:
Staatsministerium für Arbeit und Sozialordnung
Winzererstraße 9, 8000 München 40, Tel. 089/1253-1
Staatsministerium für Wirtschaft und Verkehr
Prinzregentenstraße 28, 8000 München 22. Tel. 089/21621
Staatsministerium für Unterricht und Kultus
Salvatorstraße 2, 8000 München 2, Tel. 089/2186-1
Berlin:
Der Senator für Arbeit und Soziales
An der Urania 4, 1000 Berlin 30, Tel. 030/2122-1
Der Senator für Wirtschaft und Verkehr
Martin-Luther-Straße 105, 1000 Berlin 62, Tel. 030/783-1
Der Senator für Schulwesen
Bredtschneiderstraße 5–8, 1000 Berlin 19, Tel. 030/3032-1
Der Senator für Wissenschaft und Forschung
Bredtschneiderstraße 5–8, 1000 Berlin 19, Tel. 030/3032-1
Der Senator für Familie, Jugend und Sport
Im Karlsbad 8–10, 1000 Berlin 30, Tel. 030/2604-1
Bremen:
Der Senator für Arbeit
Contrescarpe 73, 2800 Bremen, Tel. 0421/3611
Der Senator für Soziales, Jugend und Sport
Bahnhofsplatz 29, 2800 Bremen, Tel. 0421/3611
Der Senator für Wirtschaft und Außenhandel
Bahnhofsplatz 29, 2800 Bremen, Tel. 0421/3611
Der Senator für Bildung
Rembertiring 8–12, 2800 Bremen, Tel. 0421/3611
Der Senator für Wissenschaft und Kunst
Katharinenstraße 12–14, 2800 Bremen, Tel. 0421/3611

Hamburg:
Behörde für Arbeit und Soziales
Hamburger Straße 47, 2000 Hamburg 76, Tel. 040/29188-1
Behörde für Schule, Jugend und Berufsbildung
Hamburger Straße 31, 2000 Hamburg 76, Tel. 040/29188-1
Behörde für Wissenschaft und Kunst
Hamburger Straße 45, 2000 Hamburg 76, Tel. 040/29188-1
Hessen:
Hessisches Sozialministerium
Adolfsallee 53–59, 6200 Wiesbaden, Tel. 06121/8151
Hessisches Kultusministerium
Luisenplatz 10, 6200 Wiesbaden, Tel. 06121/3681
Ministerium für Wirtschaft und Technik
Kaiser-Friedrich-Ring 75, 6200 Wiesbaden, Tel. 06121/321
Niedersachsen:
Ministerium für Arbeit, Gesundheit und Soziales
Hinrich-Wilhelm-Kopf-Platz 2, 3000 Hannover, Tel. 0511/1901
Kultusministerium
Am Schiffgraben 12, 3000 Hannover, Tel. 0511/1901
Nordrhein-Westfalen:
Ministerium für Arbeit, Gesundheit und Soziales
Horionplatz 1, 4000 Düsseldorf, Tel. 0211/8351
Ministerium für Wirtschaft, Mittelstand und Verkehr
Haroldstraße 4, 4000 Düsseldorf, Tel. 0211/8371
Rheinland-Pfalz:
Ministerium für Soziales, Gesundheit und Sport
Bauhofstraße 4, 6500 Mainz, Tel. 06131/161
Ministerium für Wirtschaft und Verkehr
Bauhofstraße 4, 6500 Mainz, Tel. 06131/161
Saarland:
Ministerium für Arbeit, Gesundheit und Sozialordnung
6600 Saarbrücken, Tel. 0681/5011
Ministerium für Wirtschaft, Verkehr und Landwirtschaft
Hardenbergstraße 8, 6600 Saarbrücken, Tel. 0681/5011
Schleswig-Holstein:
Sozialministerium
Brunswiker Straße 16–22, 2300 Kiel, Tel. 0431/5961
Ministerium für Wirtschaft und Verkehr
Düsternbrooker Weg 94–100, 2300 Kiel, Tel. 0431/5961

6

Literaturhinweise

Die folgende Literaturliste enthält nur die wichtigsten Veröffentlichungen zum Thema Jugendarbeitslosigkeit. Materialien und Schriften der Verbände, der Träger der Jugendhilfe und Jugendsozialarbeit, der Bundesanstalt für Arbeit und der Ministerien können nicht berücksichtigt werden.

Arbeitskreis alternatives Adressbuch: Das alternative Adressbuch. Obergasse 20, 6501 Oberolm.

Belardi, N.: Erfahrungsbezogene Jugendbildungsarbeit. Achenbachverlag, 1975.

Biermann/Berlin: Maßnahmen zur Qualifizierung von Jungarbeitern in der Bundesrepublik Deutschland. Materialien. Hannover 1976.

Böckler/Olk: Jugendarbeitslosigkeit-Reaktion und Perspektiven der Sozialarbeit. In: Neue Praxis 2/76.

Braun/Weidacher: Materialien zur Arbeitslosigkeit und Berufsnot Jugendlicher (mit Bibliographie). DJI-Dokumentation. München 1976.

Bundesarbeitsgemeinschaft Jugendaufbauwerk (Hrsg.): Schriften zu Schulsozialarbeit. Band 1–6, Bonn 1973–1978.

Bundesinstitut für Berufsforschung: Jugendliche ohne Berufsausbildung – Ihre Herkunft, ihre Zukunft. Schriften zur Berufsbildungsforschung, Bd. 30.

Burger/Seidenspinner: Jugendarbeitslosigkeit 1975 – Resultate und Konsequenzen. DJI. München 1975.

Burger/Seidenspinner: Jugend unter dem Druck der Arbeitslosigkeit. DJI. München 1977.

Cramer u. a. (Autorenkollektiv): Zum Problem der strukturellen Arbeitslosigkeit. In: Mitteilungen aus der Arbeitsmarkt- und Berufsforschung 1/76.

Cremer, G. (Hrsg.): Jugend ohne Arbeit. Analysen, Stellungnahmen, Programme. München 1976.

Crusius/Wilke: Lehrstellenverknappung und Jugendarbeitslosigkeit. In: deutsche jugend 1/75.

Deutscher Handwerkskammertag: Zusammenfassung der Maßnahmen des Handwerks. Bonn, Nov. 1977.

Deutscher Industrie- und Handelstag: Mehr Ausbildungsplätze '77. Appelle und Aktionen der Industrie- und Handelskammern. Bonn, Aug. 1977.
Espenhorst, J.: Massenarbeitslosigkeit bis 1980? In: Die Mitarbeit 1/2 1976.
Fröbel/Heinrichs/Kreye: Die neue internationale Arbeitsteilung. Strukturelle Arbeitslosigkeit in den Industrieländern. rororo aktuell 8185, 1977.
Gaspar, M.: Selbsthilfe als eine Chance für arbeitslose Jugendliche. In: AGJ-Mitteilungen Nr. 75.
Harten, H. C.: Strukturelle Jugendarbeitslosigkeit. Bildungs- und beschäftigungspolitische Konzeptionen und Maßnahmen. München 1977.
Institut für angewandte Sozialwissenschaften: Die Situation auf dem Lehrstellenmarkt. Schülerbefragung. Bonn-Bad Godesberg 1975.
Jugendarbeitslosigkeit, Analyse-Maßnahmen-Konzepte. Eine Arbeitshilfe für die Jugend- und Sozialarbeit (Loseblattsammlung). Hrsg.: AGJ, DBJR, BAGJAW, Neuwied (Luchterhand) 1977.
Jugendliche arbeitslos. In: Erziehung & Klassenkampf. Sonderheft 1976.
Kippes/Marino: Jugendarbeitslosigkeit. Vom Kräftemangel zum Stellenmangel. München 1977 (Bayr. Landesz. f. pol. Bildung).
Kühl, J.: Jugendarbeitslosigkeit. Bildungs- und Beschäftigungssystem. In: Gewerkschaftliche Monatshefte 9/75.
Kühlewind/Mertens/Tessaring: Zur drohenden Ausbildungskrise des nächsten Jahrzehnts. Nürnberg, Dez. 1975 (IAB der BA).
Kuratorium der Deutschen Wirtschaft für Berufsbildung: Aktivitäten der deutschen Wirtschaft für zusätzliche Ausbildungsplätze. Dokumentation. Bonn, Sept. 1977.
Lappe, K.: Hauptschüler, Ausgangsbedingungen politischer Bildung. Frankfurt 1974.
Laturner/Schön: Jugendarbeitslosigkeit-Materialien und Analysen zu einem neuen Problem. rororo 1941, 1975.
Leonhard, G.: Jugendarbeitslosigkeit und Berufsbildungspolitik. In: Leviathan 4/1975.
Leonhard, G.: Probleme arbeitsloser Jugendlicher zwischen Arbeitsmarkt und Berufsbildungspolitik. Berlin 1976.
Lienhard/Barz u. a.: Hauptschüler und berufliche Wirklichkeit. Achenbachverlag 1976.
Löffelholz, M.: Probleme der Jungarbeiter-Beschulung. In: Die berufsbildende Schule 10/75.
Mattik: Arbeitslosigkeit und Arbeitslosenbewegung in den USA 1929–1935. Verlag Neue Kritik 1969.
Opaschowski: Soziale Arbeit mit arbeitslosen Jugendlichen. Opladen 1976.
Petzold (Hrsg.): Jugend ohne Perspektive. Weinheim (Beltz) 1976.
Sinclair, U.: Co-Op – Der Weg der amerikanischen Arbeitslosen zur Selbst-

hilfe. Hamburg (Verlag Association) 1974.
Stark, E.: Die Lage der Arbeiterjugend in der Bundesrepublik nach 1960, Basis-Arbeitsergebnisse. Frankfurt (EVA) 1973.
Stehr, W.: Das Problem der Ungelernten. In: Die berufsbildende Schule 10/1975.
Struck, P.: Erziehungswissenschaftliche Ansätze zur beruflichen Sozialisation Jugendlicher ohne Ausbildungsverhältnis. In: Die berufsbildende Schule 10/7.
Wacker, A.: Arbeitslosigkeit. Frankfurt (EVA) 1976.